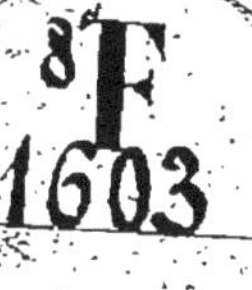

A B C DES MUNICIPALITÉS

PETIT DICTIONNAIRE

D'ADMINISTRATION

COMMUNALE

PAR

A. SOUVIRON

CHEF DE DIVISION A LA PRÉFECTURE DE LA SEINE

PARIS

LIBRAIRIE ADMINISTRATIVE DE BERGER-LEVRAULT & Cie

5, Rue des Beaux-Arts, 5

MÊME MAISON A NANCY

1880

A B C DES MUNICIPALITÉS

PETIT DICTIONNAIRE

D'ADMINISTRATION

COMMUNALE

DU MÊME AUTEUR

Manuel des conseillers municipaux, contenant l'état complet de la législation et de la jurisprudence sur toutes les matières qui peuvent donner lieu à l'intervention des conseils municipaux, avec l'exposé des règles relatives aux assemblées de ces conseils et à leurs délibérations, ainsi que l'indication des fonctions individuelles qui peuvent être déléguées aux conseillers municipaux. Un volume in-18, 4ᵉ édition . . . . **3 fr. 50 c.**

JOURNAL DES CONSEILLERS MUNICIPAUX

Recueil paraissant tous les mois,
avec la collaboration de plusieurs administrateurs et jurisconsultes

SOUS LA DIRECTION

De M. A. SOUVIRON

Chef de division à la préfecture de la Seine, secrétaire-archiviste du Conseil municipal de Paris.

ABONNEMENT, 8 FRANCS PAR AN

On s'abonne à la librairie Berger-Levrault, 5, rue des Beaux-Arts, à Paris, et dans tous les bureaux de poste.

A B C DES MUNICIPALITÉS

PETIT DICTIONNAIRE

D'ADMINISTRATION

COMMUNALE

PAR

A. SOUVIRON

CHEF DE DIVISION A LA PRÉFECTURE DE LA SEINE

PARIS

LIBRAIRIE ADMINISTRATIVE DE BERGER-LEVRAULT & Cⁱᵉ

5, Rue des Beaux-Arts, 5

MÊME MAISON A NANCY

1880

AVERTISSEMENT

Tout ce que doit faire le Maire, tout ce que doit faire le conseil municipal; voilà ce que ce petit volume a voulu résumer en quelques mots.

On s'étonnera peut-être d'une pareille prétention, et l'on jugera impossible de condenser en aussi peu de pages cette immense chose qu'on appelle l'administration municipale, science ardue et complexe, qui a fourni un nombre incalculable de volumes.

Il est vrai qu'il y a beaucoup et de très-gros ouvrages qui traitent de l'organisation des communes et des attributions des municipalités. Mais cette abondance même et surtout la façon généralement trop savante et trop abstraite dont ces ouvrages sont écrits, sont des obstacles à la vulgarisation des connaissances essentielles que doit nécessairement posséder tout administrateur communal. Aussi ces connaissances essentielles sont-elles le monopole d'un petit nombre d'esprits studieux, tandis que des milliers de maires et de conseillers municipaux, apprenant de leurs fonctions seulement ce que le hasard des circonstances ou la pratique journalière leur en révèlent, ne peuvent résoudre la moindre affaire imprévue sans tâtonnement et sont à tout moment exposés à prendre la responsabilité de mesures dont ils n'ont pas saisi la portée.

Il faut donc faire des livres à l'usage de la masse des citoyens qui prennent part à l'administration communale sans avoir été préparés aux études administratives par une instruction spéciale.

Telles sont les vues qui m'ont guidé, lorsque j'ai publié, dans ces dernières années, le *Manuel des conseillers municipaux*, le *Tableau des devoirs des maires*, le *Tableau des attributions des conseils municipaux*, et lorsque j'ai fondé le *Journal des conseillers municipaux*, qui paraît tous les mois. Telle est, sans doute, aussi la cause de l'accueil favorable qu'ont obtenu ces publications.

Le *Petit Dictionnaire d'administration communale* a été conçu et écrit dans ce même ordre d'idées : il est absolument et strictement *élémentaire*, et par là même il s'adresse à tous. En l'appelant l'*A B C des municipalités*, j'ai suffisamment indiqué le but d'utilité pratique que je me suis proposé d'atteindre. C'est au lecteur de juger si j'y ai réussi.

A. S.

Juillet 1880.

A B C DES MUNICIPALITÉS

PETIT DICTIONNAIRE

D'ADMINISTRATION COMMUNALE

A

ABATTOIR. — Le conseil municipal délibère sur l'établissement d'un abattoir dans la commune. Cette délibération doit être accompagnée d'une enquête *de commodo et incommodo*. (*Décret du 15 octobre 1810; ordonnance du 15 avril 1838, article 2.*)

Les tarifs d'emplacement et d'abatage sont votés par le conseil et ne peuvent donner lieu à un droit supérieur à 0ᶠ,015 par kilogramme de viande et à 0ᶠ,02, lorsque la construction de l'abattoir a été établie avec les ressources d'un emprunt. (*Décret du 1ᵉʳ août 1864.*)

Le maire prend des arrêtés pour régler, dans l'intérêt de la sécurité et de la salubrité publiques, la circulation et le logement des bestiaux en dehors et

au dedans de l'abattoir, la répartition des cases d'a-
bat entre les bouchers, l'enlèvement des fumiers et
des résidus, le curage des égouts, etc. (*Lois du* 14 *décembre* 1789, *article* 50, *et des* 16-24 *août* 1790, *titre XI,
article* 3.)

ABREUVOIR. — Le maire veille à ce que les
abreuvoirs aient des limites ; à ce qu'ils présentent
une pente douce et un abord facile, à ce que la des-
cente en soit pavée (du moins dans les villes) et le
fond affermi par des recoupes et cailloutages ; à ce
qu'ils soient conservés et maintenus en bon état, à
ce que l'on n'y mène pas des animaux affectés de
maladies contagieuses. (*Arrêté du Directoire exécutif
du* 3 *messidor an VIII.*) Il doit veiller à ce que les
particuliers n'y mènent pas plus de trois chevaux
à la fois. (*Ordonnance du* 28 *avril* 1782.)

ABSENTS. — A défaut de commissaire de police,
le maire doit recevoir la déclaration des parents,
amis ou voisins de toute personne qui aurait disparu
furtivement ou qui se serait absentée sans aucun
avis ; il doit faire immédiatement visite au domicile
de l'absent, en dresser procès-verbal en double expédition, l'une pour le sous-préfet, l'autre pour le juge
de paix et provoquer sans aucun retard l'apposition
des scellés. (*Lois des* 2 *ventôse an II et* 16 *fructidor
an XI.*) Le maire doit aussi constater l'absence des
redevables du Trésor. (*Lois des* 6 *brumaire an V et*
6 *messidor an X.*) Il doit, en outre, recevoir la copie
et viser sans frais l'original des exploits signifiés à

des personnes absentes de leur domicile, lorsque l'huissier ne trouve au domicile aucun des parents ou serviteurs de la partie. (*Code de procédure civile, articles 4 et 68.*)

ACCIDENTS ET FLÉAUX CALAMITEUX. — Le maire doit prévenir par des précautions convenables et faire cesser par la distribution des secours nécessaires, les accidents et fléaux calamiteux, tels que les incendies, les épidémies, les épizooties. (*Loi des* 16-24 *août* 1790, *titre XI, article* 3, 5°.)

ACQUISITIONS D'IMMEUBLES. — Le conseil municipal règle par ses délibérations les acquisitions d'immeubles, lorsque la dépense, totalisée avec celles des autres acquisitions déjà votées dans le même exercice, ne dépasse pas le dixième des revenus ordinaires de la commune, établis d'après les comptes administratifs des trois dernières années. (*Loi du* 24 *juillet* 1867, *article* 1ᵉʳ, n° 1.)

En ce cas, la délibération du conseil est exécutoire par elle-même, sans qu'il soit nécessaire de la soumettre à l'approbation du préfet aux conditions et dans les délais indiqués ci-après au mot *Délibérations,* et si le conseil est d'accord avec le maire.

Dans les autres cas, le conseil *délibère,* mais ne *règle* pas, c'est-à-dire que sa délibération est soumise à l'approbation du préfet. (*Loi du* 18 *juillet* 1837, *article* 19, n° 3.)

L'acquisition peut être précédée d'une enquête *de commodo et incommodo;* cette enquête est exigée dans le cas où l'acquisition est faite en vue d'établir ou d'agrandir le cimetière. (*Ordonnance du 6 décembre 1843, article 2.*)

La vente consentie ne prend un caractère irrévocable qu'après qu'il y a eu un contrat passé avec l'approbation du préfet. (*Conseil d'État 23 février* 1855; *Cassation 30 juillet* 1877.)

ACTE CONSERVATOIRE. — Le maire est chargé de faire tous actes conservatoires des droits de la commune comme propriétaire. (*Loi du 18 juillet* 1837, *article* 10, n° 2.) En sa qualité d'administrateur des intérêts de la commune, il peut intenter, sans autorisation préalable, toute action possessoire ou y défendre et faire tous autres actes conservatoires ou interruptifs des déchéances. (*Idem, article* 55.)

ACTES DE L'ÉTAT CIVIL. — Voyez *État civil.*

ACTIONS JUDICIAIRES ET TRANSACTIONS. — Le maire est chargé de représenter la commune en justice soit en demandant, soit en défendant. (*Loi du 18 juillet* 1837, *article* 10, n° 8.)

Le conseil municipal délibère sur les actions judiciaires et les transactions ; le préfet et le maire ne peuvent agir qu'avec la volonté du conseil municipal de poursuivre l'action, mais tout contribuable a le droit de prendre à ses frais et risques l'action négligée par la commune. (*Idem, article* 49.)

Il faut, en tous cas, pour toute action intéressant une commune, l'autorisation préalable du conseil de préfecture, sauf le droit qu'a le maire d'intenter toute action possessoire et de faire tous actes de conservation. (*Idem, articles* 54 *et* 55.)

Les transactions ne peuvent avoir lieu qu'après une délibération prise sur la consultation de trois jurisconsultes désignés par le préfet. (*Arrêté du* 21 *frimaire an XII, article* 1er.)

ACTIONS POSSESSOIRES. — Le maire, agissant au nom de la commune, peut, sans autorisation préalable, intenter toute action possessoire. (*Loi du* 18 *juillet* 1837, *article* 55.)

ADJOINT AU MAIRE. — Il y a un adjoint dans les communes de 2,500 habitants et au-dessous; deux dans celles de 2,501 à 10,000 habitants. Dans les communes d'une population supérieure, il peut être nommé un adjoint de plus par chaque excédent de 20,000 habitants. (*Loi du* 5 *mai* 1855, *article* 3.)

Lorsque la mer ou quelque autre obstacle rend difficiles, dangereuses ou momentanément impossibles les communications entre le chef-lieu et une fraction de commune, un adjoint spécial, pris parmi les habitants de cette fraction, est nommé en sus du nombre ordinaire; cet adjoint spécial remplit les fonctions d'officier de l'état civil et peut être chargé de l'exécution des lois et règlements de police dans cette partie de la commune. (*Ibidem.*)

En cas d'absence ou d'empêchement, le maire est remplacé par un de ses adjoints dans l'ordre des nominations. (*Idem, article* 4.)

L'adjoint qui remplit les fonctions de maire préside le conseil municipal et a voix prépondérante en cas de partage. (*Idem, article* 19.) — Voyez le mot *Maire*.

ADJONCTION DES PLUS IMPOSÉS. — Dans les communes dont les revenus sont inférieurs à 100,000 francs, toutes les fois qu'il s'agit de contributions extraordinaires ou d'emprunts, les plus imposés aux rôles de la commune sont appelés à délibérer avec le conseil municipal, en nombre égal à celui des membres en exercice. Ces plus imposés sont convoqués individuellement par le maire, au moins dix jours avant celui de la réunion. Lorsque les plus imposés appelés sont absents, ils sont remplacés en nombre égal par les plus imposés portés après eux sur le rôle. (*Loi du* 18 *juillet* 1837, *article* 42.)

ADJUDICATIONS PUBLIQUES. — Lorsque le maire procède à une adjudication publique pour le compte de la commune, il est assisté de deux membres du conseil municipal, désignés d'avance par le conseil, ou, à défaut, appelés dans l'ordre du tableau. Le receveur municipal est appelé à toutes les adjudications. Toutes les difficultés qui peuvent s'élever sur les opérations préparatoires de l'adjudication sont résolues, séance tenante, par le maire et les deux conseillers assistants, à la majorité des voix, sauf le recours de droit. (*Loi du* 18 *juillet* 1837, *article* 16.)

Le maire ne peut se rendre adjudicataire, ni par lui-même, ni par personnes interposées, des biens de la commune. (*Code civil, article* 1596.)

Voyez *Marchés de fournitures et de travaux.*

AFFECTATION DE PROPRIÉTÉS COMMUNALES. — Le conseil municipal règle par ses délibérations l'affectation d'une propriété communale à un service communal, lorsque cette propriété n'est encore affectée à aucun service public, sauf les règles prescrites par des lois particulières. (*Loi du 24 juillet 1867, article 1er, n° 8.*)

Sa délibération est exécutoire, sans qu'il soit nécessaire de la soumettre à l'approbation du préfet, dans les conditions et les délais indiqués ci-après au mot *Délibérations*, si elle a été prise d'accord avec le maire.

AFFICHAGE. — Le maire désigne les lieux où sont apposées les affiches contenant les lois et actes de l'autorité publique. (*Loi des 18-22 mai 1791, article 11.*) Ces affiches sont seules imprimées sur papier blanc. (*Lois des 22 juillet 1791 et 28 avril 1816.*)

Les affiches des particuliers doivent être imprimées sur papier de couleur et ne peuvent être posées sur la voie publique sans la permission du maire. Le maire ne délivre ce permis que contre le dépôt de la déclaration faite en double minute par l'afficheur et de la quittance du timbre. (*Décret du 25 avril 1852, article 3.*)

Il doit en conséquence : tenir un registre sur lequel sont inscrits par ordre de dates et de numéros les permis d'afficher; indiquer que le permis n'est délivré que sous réserve des droits des tiers; garder et classer les déclarations par ordre de numéros pour être communiquées sans déplacement à toute réquisition, tant aux préposés de l'enregistrement qu'aux agents chargés de constater les contraventions ; en cas de refus du permis d'affichage, le maire doit délivrer au déclarant un certificat motivé du refus, afin de lui permettre d'obtenir la restitution des droits préalablement payés par lui. (*Circulaire ministérielle du* 20 *octobre* 1852.)

AFFIRMATION DE PROCÈS-VERBAUX. — Voyez *Gardes champêtres*.

AFFOUAGE. — Le conseil municipal règle par ses délibérations les affouages, en se conformant aux lois forestières. (*Loi du* 18 *juillet* 1837, *article* 17, *n*° 4.) Ces délibérations sont exécutoires par elles-mêmes, sans avoir besoin d'être soumises à l'approbation du préfet, dans les conditions et délais dont il est parlé ci-après au mot *Délibérations*.

Si les coupes sont délivrées en nature pour l'affouage et que les communes n'aient pas d'autres ressources, il est distrait une portion suffisante des coupes pour être vendue aux enchères avant toute distribution, et le prix en être employé au paiement des dépenses résultant des coupes, savoir : frais de gardes, contribution foncière et frais d'administration des bois des communes par le Gouvernement. (*Code forestier, article* 109.)

Ces prélèvements sur le produit des coupes affouagères peuvent être remplacés par des taxes imposées aux affouagers, lesquelles ont été autorisées dans les termes suivants : « Est autorisée la perception.....

des taxes d'affouages, là où il est d'usage et utile d'en établir. » (*Loi de finances du 17 août 1828, article 1ᵉʳ, nᵒ 15.*)

AGENTS COMMUNAUX. — Le maire nomme, suspend et révoque tous les agents salariés par la commune, sauf ceux pour lesquels la loi prescrit des modes spéciaux de nomination. (*Loi du 18 juillet 1837, article 12.*)

Les principaux agents sont : les employés de la mairie, les médecins de l'état civil, les architectes et les cantonniers, les préposés aux locations des halles, marchés, abattoirs et péages divers, les gardiens des cimetières et les fossoyeurs, les employés des entrepôts, des bibliothèques communales et les concierges des établissements communaux.

Les instituteurs et les gardes champêtres sont nommés par le préfet. — Voyez ces mots.

ALIÉNATIONS D'IMMEUBLES. — Le conseil municipal délibère sur les aliénations de propriétés communales. (*Loi du 18 juillet 1837, article 19, nᵒ 3.*) Sa délibération doit être approuvée par le préfet. — Voyez *Délibérations*.

ALIÉNÉS. — Le maire doit prendre soin d'obvier ou de remédier aux événements fâcheux qui pourraient être occasionnés par les insensés ou furieux laissés en liberté. (*Loi des 16-24 août 1790, titre XI, article 3.*)

Le maire visite les asiles d'aliénés situés dans la commune. En cas de demande de placement volontaire d'un aliéné dans un asile; formée par une personne illettrée, le maire reçoit cette demande et en donne acte; il reçoit et transmet au préfet le certificat du médecin et les pièces constatant l'entrée de l'aliéné dans l'asile. Le maire cote et parafe le registre d'inscription des aliénés placés volontairement; il peut s'opposer, sur la demande du médecin de l'établissement, à la sortie d'un malade requise par ceux qui ont qualité à cet effet, mais à la charge d'en référer au préfet dans les 24 heures. (*Loi du 30 juin 1838, articles 1 à 14.*)

En cas de danger imminent, le maire prend à l'égard des aliénés toutes les mesures provisoires nécessaires, notamment le dépôt provisoire dans l'hospice civil ou dans un local approprié, s'il n'y a pas d'hospice, à la charge d'en référer dans les 24 heures au préfet, qui seul peut prononcer le placement d'office dans un asile. Le maire donne avis aux familles des mesures prises. (*Idem, articles 18 à 24.*)

ALIGNEMENTS. — Le conseil municipal donne son avis sur les projets d'alignement de grande voirie dans l'intérieur des villes, bourgs et villages. (*Loi du 18 juillet 1837, article 21, nᵒ 3.*)

Il délibère sur les projets d'alignement de voirie municipale. (*Idem, article 20, nᵒ 7.*) Les frais de confection des plans d'alignement font partie des dépenses obligatoires des communes (*Idem, article 30, nᵒ 18*); mais l'exécution de ces plans n'a été déclarée obligatoire que pour les communes de 2,000 habitants. (*Loi du 16 septembre 1807, article 52.*)

Le maire délivre les alignements sur les voies publiques dont les plans ont été approuvés, en indiquant les retranchements ou avancements que doivent subir les immeubles en bordure de ces voies, et quand il n'y a pas de plan approuvé, il délivre l'autorisation de bâtir sur le tracé ancien.

ALIMENTATION. — Le maire veille à la salubrité des marchandises alimentaires mises en vente, ainsi que des boissons, et à la fidélité du débit. (*Loi des 16-24 août 1790, titre XI, article 3, 4°, et Lois des 27 mars 1851 et 5 mai 1855.*)

AMENDES. — Les recettes ordinaires des communes comprennent la portion que les lois leur accordent dans le produit des amendes. (*Loi du 18 juillet 1837, article 31, n° 12.*)

Les amendes de police rurale et municipale, de même que les amendes pour délits de chasse, appartiennent exclusivement aux communes sur le territoire desquelles les délits ou contraventions ont été commis. (*Ordonnance royale du 30 décembre 1823, et Loi du 3 mai 1844, article 19.*)

Les amendes d'octroi sont attribuées jusqu'à concurrence de moitié et les amendes de grande voirie jusqu'à concurrence d'un tiers aux communes intéressées. (*Décrets des 17 mai 1809, article 13, et 16 décembre 1811.*)

Quant aux amendes de police correctionnelle, elles forment un fonds commun dont les préfets (*Décret du 25 mars 1852, tableau A, § 39*) disposent comme suit :

1° Remboursement des frais de poursuite tombés en non-valeurs soit en matière de police correctionnelle, soit en matière de simple police;

2° Paiement des droits dus aux greffiers des tribunaux pour les relevés des jugements portant condamnation à des amendes;

3° Ces deux premières dépenses étant déduites, le produit restant est divisé en trois parts. La première part est appliquée aux dépenses du service des enfants assistés dans le département; la seconde est versée à la Caisse des dépôts et consignations pour payer les frais d'abonnement au *Journal officiel* envoyé aux maires des communes chefs-lieux de canton; la troisième part est distribuée par arrêté du préfet entre les communes qui éprouvent le plus de besoins. (*Ordonnance du* 30 *décembre* 1823, *et Instruction générale du* 20 *juin* 1859, *articles* 627 *et* 628.)

ANIMAUX MALADES OU MORTS. — Le maire reçoit l'avis que doit lui donner tout détenteur d'animaux suspectés de maladies contagieuses. (*Code pénal, article* 459.) Il prend en ce cas les mesures prescrites par les règlements (*Arrêt du Conseil d'État*, 19 *juillet* 1746), fait abattre tout animal atteint de maladie contagieuse ou incurable et en fait enfouir le corps, dans la journée, dans le terrain du propriétaire ou dans un lieu désigné par le maire. (*Loi des* 28 *septembre-6 octobre* 1791, *titre II, article* 13, *et Arrêté du* 27 *messidor an V.*)

ANIMAUX MALFAISANTS OU NUISIBLES. — Le maire

obvie ou remédie aux événements fâcheux qui pourraient être occasionnés par la divagation des animaux malfaisants ou féroces ; il en certifie la destruction. (*Loi des* 16-24 *août* 1790, *titre XI, article* 3, 5°.)

ANNEXE. — Le conseil municipal donne son avis sur la création d'une annexe ou église située dans la circonscription d'une cure. (*Loi du* 18 *juillet* 1837, *article* 21.)

APPRENTISSAGE. — Le maire signe aux contrats d'apprentissage. (*Loi du* 22 *février* 1851, *article* 3.)

ARCHIVES. — Le maire est responsable de la conservation des archives de la commune et doit, lorsqu'il cesse ses fonctions, en faire la remise à son successeur. (*Arrêté du* 19 *floréal an VIII.*) Un procès-verbal de cette remise est dressé en double minute. Si la mairie ne contient pas de local convenable pour recevoir les archives, elles doivent être placées sous clef soit dans le local de l'école, sous la garde de l'instituteur, soit dans la demeure personnelle du maire. (*Circulaires du Ministre de l'intérieur des* 16 *juin* 1842 *et* 25 *avril* 1857.)

ARMÉE. — Voyez *Recrutement.*

ARMES. — Le maire surveille l'exécution des lois sur la fabrication et la vente des armes. Il assiste, s'il y a lieu, à la visite que l'inspecteur des manufactures de l'État croirait devoir faire chez les fabricants ou ouvriers armuriers. (*Décret du* 8 *vendémiaire an XIV, et Ordonnance du* 24 *juillet* 1816.)

Le maire parafe et arrête tous les mois le registre

que les armuriers ou fabricants d'armes doivent tenir en exécution de l'article 12 de l'ordonnance du 24 juillet 1816. Il présente au préfet, sur la proposition des fabricants, 3 candidats au poste d'éprouveur pour les armes de commerce ; il approuve le local où celui-ci fait ses épreuves, propose avec le conseil municipal le modèle de l'empreinte qui indique que les armes ont été éprouvées dans la ville, et reçoit l'un des poinçons gravés pour cet objet. (*Décret du* 14 *décembre* 1810, *articles* 3 *et* 7.)

Le maire doit également présenter au préfet six marchands armuriers que le préfet charge d'assister aux épreuves. (*Idem, article* 13.)

ARRÊTÉS. — Le maire prend des arrêtés à l'effet : 1° d'ordonner les mesures locales sur les objets confiés par les lois à sa vigilance et à son autorité ; 2° de publier de nouveau les lois et règlements de police, et de rappeler les citoyens à leur observation.

Les arrêtés pris par le maire sont immédiatement adressés au sous-préfet. Le préfet peut les annuler ou en suspendre l'exécution.

Ceux de ces arrêtés qui portent règlement permanent ne sont exécutoires qu'un mois après la remise de l'ampliation constatée par les récépissés donnés par le sous-préfet. (*Loi du* 18 *juillet* 1837, *article* 11.)

La notification aux habitants des arrêtés du maire a lieu par voie d'affiches et de publications.

ARTIFICE (PIÈCES D'). — Le maire peut interdire de tirer des pièces d'artifice, en vertu des pouvoirs de police qui lui sont attribués par la loi des 16-24 août 1790.

ASSISTANCE JUDICIAIRE. — Le maire vise les demandes de ceux qui réclament l'assistance judiciaire et déclarent, à cet effet, que leur état d'indigence les empêche d'exercer leurs droits en justice. Il reçoit l'affirmation des déclarants et en donne acte. (*Loi du 22 janvier* 1850, *articles* 8 *et* 10.)

ASSURANCES DES BATIMENTS COMMUNAUX. — Le conseil municipal règle par ses délibérations les assurances des bâtiments communaux. (*Loi du* 24 *juillet* 1867, *article* 1er, n° 7.)

Ses délibérations à ce sujet sont exécutoires par elles-mêmes, sans qu'il soit nécessaire de les soumettre à l'approbation du préfet, aux conditions et dans les délais indiqués ci-après au mot *Délibérations*, mais seulement si le conseil est d'accord avec le maire.

ATELIERS DANGEREUX OU INCOMMODES. — Le maire veille à l'observation des règlements sur les ateliers dangereux ou incommodes. (*Décret du* 15 *octobre* 1810.)

ATTROUPEMENTS. — Le maire, ceint de son écharpe, fait, s'il y a lieu, les trois sommations aux attroupements et si ces sommations sont restées sans résultat, il requiert la force armée pour les disperser. (*Loi du* 7 *juin* 1848.)

AUBERGES. — Voyez *Hôtels.*

AVIS. — Le conseil municipal est toujours appelé à donner son avis sur les objets suivants :

1° Les circonscriptions relatives au culte ;

2° Les circonscriptions relatives à la distribution des secours publics;

3° Les projets d'alignement de grande voirie dans l'intérieur des villes, bourgs et villages;

4° L'acceptation des dons et legs faits aux établissements de charité et de bienfaisance;

5° Les autorisations d'emprunter, d'acquérir, d'échanger, d'aliéner, de plaider ou de transiger, demandées par les mêmes établissements, et par les fabriques des églises et autres administrations préposées à l'entretien des cultes dont les ministres sont salariés par l'État;

6° Les budgets et les comptes des établissements de charité et de bienfaisance;

7° Les budgets et les comptes des fabriques et autres administrations préposées à l'entretien des cultes dont les ministres sont salariés par l'État, lorsqu'elles reçoivent des secours sur les fonds communaux;

8° Enfin, tous les objets sur lesquels les conseils municipaux sont appelés par les lois et règlements à donner leur avis ou seront consultés par le préfet. (*Loi du* 18 *juillet* 1837, *article* 21.)

B

BACS. — Le maire donne son avis sur le tarif des bacs et veille à l'application de ce tarif. Il assiste à la visite semestrielle faite par les ingénieurs et aux autres inspections qui seraient jugées nécessaires. (*Loi du 6 frimaire an VII.*)

BAINS ET LAVOIRS PUBLICS. — La police de ces établissements appartient aux maires. (*Loi des 16-24 août 1790, titre XI, article 3.*) Les communes qui veulent établir des bains et lavoirs publics à prix réduits peuvent obtenir une subvention de l'État, à la condition de pourvoir jusqu'aux deux tiers au moins au montant de la dépense totale. En ce cas, les plans doivent être soumis au ministre de l'agriculture et du commerce, ainsi que les tarifs de perception. Les bureaux de bienfaisance et autres établissements reconnus d'utilité publique peuvent être admis au bénéfice de ces dispositions, sur l'avis conforme du conseil municipal. (*Loi du 3 février 1851.*)

BALAYAGE. — Le maire prescrit le balayage des voies publiques et l'enlèvement des ordures. (*Loi des 16-24 août 1790, titre XI, article 3.*)

BALS PUBLICS. — Le maire autorise l'ouverture et assure la police des bals publics. (*Loi des 16-24 août 1790, titre XI, articles 3 et 30.*)

BAN DE VENDANGE. — Le maire publie les bans de vendange dans les vignes non closes. (*Loi des* 28 *septembre-6 octobre* 1791, *titre I, section* 5, *article* 2, *et Code pénal, article* 475.)

BATIMENTS. — Le maire doit ordonner la démolition des bâtiments qui menacent ruine, si ces bâtiments bordent une rue ne faisant pas partie de la grande voirie. (*Loi des* 16-24 *août* 1790.)

BATIMENTS COMMUNAUX. — Le maire conserve et administre les bâtiments communaux; il dirige les travaux de reconstruction, de réparation et d'entretien. (*Loi du* 18 *juillet* 1837, *article* 10.)

BAUX DE BIENS COMMUNAUX. — Le conseil municipal règle par ses délibérations les conditions des baux à ferme ou à loyer dont la durée n'excède pas 18 ans pour les biens ruraux (*Loi du* 18 *juillet* 1837, *article* 2, *n°* 2), et pour les maisons et bâtiments (*Loi du* 24 *juillet* 1867, *article* 1er, *n°* 2). Sa délibération est exécutoire par elle-même, dans les délais et conditions indiqués au mot *Délibérations* (voyez ce mot), sans qu'il soit besoin de l'approbation du préfet, sauf, lorsqu'il s'agit de maisons et bâtiments, le cas où le conseil ne serait pas d'accord avec le maire. Dans ce dernier cas, ainsi que pour les baux de plus de 18 ans de durée, le conseil *délibère*, mais ne *règle* pas, et sa délibération est soumise à l'approbation du préfet.

BAUX DE BIENS PRIS A LOYER PAR LA COMMUNE. — Le conseil municipal délibère sur les conditions des baux des biens pris à loyer par la commune, quelle qu'en soit la durée. (*Loi du* 18 *juillet* 1837, *article* 19, *n°* 5.)

Sa délibération doit être approuvée par le préfet, qui peut prescrire une enquête.

L'acte de bail est fait entre le maire et le bailleur, sous forme de sous seing privé ou devant notaire. Il doit également être approuvé par le préfet.

BIBLIOTHÈQUES POPULAIRES. — L'autorité municipale peut intervenir dans la création de ces bibliothèques, qui sont le plus souvent dues à l'initiative privée. Le conseil municipal peut leur allouer des subventions.

BIBLIOTHÈQUES SCOLAIRES. — Il doit être établi dans chaque école primaire publique une bibliothèque scolaire. (*Arrêté du Ministre de l'instruction publique du* 1ᵉʳ *juin* 1862, *article* 1ᵉʳ.)

Le conseil municipal peut voter des fonds spéciaux pour les bibliothèques scolaires ; il peut également appliquer à la dépense de ces bibliothèques les sommes portées au budget pour fourniture de livres aux enfants indigents. (*Idem*, *article* 4.)

Les bibliothèques scolaires, placées sous la surveillance de l'instituteur et installées dans une armoire réglementaire, reçoivent le dépôt des livres de classe à l'usage de l'école ; elles reçoivent aussi les ouvrages provenant de dons, libéralités et acquisitions, mais sous la réserve de l'autorisation de l'inspecteur d'académie. (*Idem*, *articles* 2, 3, 6.)

Aucune concession de livres ne pourra être faite

par le ministre à la bibliothèque scolaire si la commune ne peut justifier : 1° de la possession d'une armoire bibliothèque ; 2° de l'acquisition de livres de classe en quantité suffisante pour les besoins des élèves gratuits. (*Idem, article* 4 ; *Circulaire du Ministre de l'instruction publique du* 24 *décembre* 1876.)

Il ne peut être fait de concessions nouvelles d'ouvrages aux bibliothèques scolaires qui ont déjà reçu une première fois un don de livres du ministère, que si les conseils municipaux ont contribué au développement de ces bibliothèques, en portant au budget de la commune une allocation annuelle pour achat de livres. (*Circulaire du Ministre de l'instruction publique du* 10 *juin* 1865.)

BIENS COMMUNAUX. — Le maire gère et administre les biens communaux, signe les baux, etc. (*Loi du* 18 *juillet* 1837, *article* 10.)

Le conseil municipal règle par ses délibérations le mode d'administration des biens communaux. Ces délibérations sont exécutoires par elles-mêmes, dans les délais et conditions indiqués à l'article *Délibérations* (voyez ce mot), et sans que l'approbation du préfet soit nécessaire. (*Loi du* 18 *juillet* 1837, *art.*17, *n*° 1.)

Le conseil délibère, sauf approbation du préfet, sur tout ce qui intéresse l'amélioration ou la conservation des biens communaux ; toutefois pour les *assurances*, elles sont l'objet de délibérations exécutoires par elles-mêmes. (Voyez ce mot.)

La loi du 28 juillet 1860, complétée par le décret

du 6 février 1861, a établi des règlements particuliers pour la mise en valeur des *marais et terres incultes* appartenant aux communes. Il en est de même pour le *reboisement* et le *gazonnement des montagnes*. (Voyez ces mots.)

BIENS INDIVIS. — Le conseil municipal délibère sur la délimitation ou le partage des biens indivis entre·deux ou plusieurs communes ou sections de commune. (*Loi du* 18 *juillet* 1837, *article* 19, *n*° 4.)

Sa délibération est soumise à l'approbation du préfet. (*Loi du* 18 *juillet* 1837, *article* 20.) — Voyez *Commission syndicale*.

BOIS COMMUNAUX. — Les bois appartenant aux communes ne sont pas régis par les règles ordinaires en matière d'aliénation, d'échange, de conservation et d'amélioration. Ces bois sont soumis au régime forestier, c'est-à-dire administrés par l'État, conformément aux dispositions du Code forestier. Il en est de même de ceux dans lesquels les communes ont des droits de propriété indivis avec des particuliers. (*Code forestier, article* 1er.)

Le conseil municipal délibère sur les délivrances de coupes, sur la vente des arbres morts, etc. (*Ordonnance du* 1er *août* 1827.)

Le conseil municipal donne son avis sur la question de savoir si les bois, taillis ou futaies appartenant à la commune sont susceptibles d'aménagement ou d'une exploitation régulière et sur les changements qui pourraient être demandés, soit de l'aménagement, soit du mode d'exploitation. (*Code forestier, article* 90.) — Voyez *Affouages* et *Coupes de bois.*

BOISSONS. — Les maires sont chargés de s'assurer de la salubrité des boissons et de la fidélité du débit. Ils peuvent faire des visites chez les débitants pour surveiller, vérifier et constater la qualité des liquides mis en vente ; ils se font, s'il y a lieu, accompagner d'experts chargés d'analyser les boissons qui leur paraîtraient falsifiées. (*Loi des* 19-22 *juillet* 1791, *titre I, article* 9.)

Le conseil municipal peut traiter avec la régie, sous l'approbation du préfet, pour convertir en un abonnement annuel payable par quinzaine, la perception des droits de détail et de circulation à l'intérieur de la commune, ce qui a pour conséquence la suppression de l'exercice. (*Loi du* 28 *avril* 1816, *article* 73.)

Dans les villes sujettes aux droits d'entrée, le conseil peut demander que le droit d'entrée et le droit de détail soient perçus cumulativement aux entrées sous le nom de taxe unique ; il doit, dans ce cas, s'adjoindre les marchands de boissons les plus imposés à la patente, en nombre égal à la moitié des conseillers présents. (*Loi du* 21 *avril* 1832.)

S'il s'agit de villes ayant plus de 10,000 habitants, cette taxe unique n'est plus facultative, mais obligatoire. (*Loi du* 9 *juin* 1875.)

BOUCHERIE. — Le maire exerce la surveillance et la police de la boucherie. (*Loi des* 16-24 *août* 1790, *titre XI, article* 3.) Il veille notamment à ce que les bouchers ne mettent pas en vente des viandes gâtées ou nuisibles. (*Loi des* 19-22 *juillet* 1791, *titre I, article* 20.)

BOULANGERIE. — Voyez *Pain.*

BOURSE DE COMMERCE. — Le maire assure la police intérieure de la Bourse dans les villes où il en existe une. (*Arrêté du* 29 *germinal an IX.*) Il peut défendre aux négociants de s'assembler ailleurs que dans la Bourse et à d'autres heures que celles fixées par les règlements de police. (*Arrêté du* 27 *prairial an X, article* 3.)

BOURSES DANS LES ÉCOLES, COLLÉGES, ETC. — 1° *Bourses accordées par l'État.* — Le conseil municipal donne son avis motivé sur l'insuffisance de fortune de la famille des jeunes gens qui demandent des bourses aux écoles de l'État et dans les lycées et colléges. (*Décrets des* 7 *février* 1852, 30 *novembre* 1863, 6 *novembre* 1873, *etc.*)

2° *Bourses accordées par les communes dans les lycées.* — Ces bourses sont attribuées par le préfet sur une liste dressée par le conseil municipal et qui doit contenir un nombre de candidats double de celui des bourses disponibles. (*Décret du* 7 *février* 1852.)

BUDGET. — Le conseil municipal délibère sur le budget de la commune et en général sur toutes les recettes et dépenses, soit ordinaires, soit extraordinaires. Il délibère en outre sur les crédits reconnus nécessaires après le règlement du budget. (*Loi du 18 juillet* 1837, *article* 19, *n° 1, et article* 34.)

Les recettes et les dépenses des communes ne peuvent être faites qu'en vertu du budget de chaque exercice ou d'autorisations supplémentaires. (*Ordonnance royale du* 31 *mai* 1838, *article* 432; *Instruction générale du* 20 *juin* 1859, *article* 811.)

Le budget de chaque exercice, proposé par le maire, est délibéré par le conseil municipal dans sa session annuelle du mois de mai. (*Décret du* 14 *février* 1806, *articles* 1ᵉʳ *et* 2; *Ordonnance royale du* 28 *janvier* 1815; *Circulaire du Ministre de l'intérieur du* 20 *avril* 1834, *article* 1ᵉʳ; *Instruction générale du* 20 *juin* 1859, *article* 814.)

Il est réglé par le préfet, sauf, dans les villes ayant plus de 100,000 francs de revenus, lorsqu'il renferme des impositions extraordinaires. Dans ce cas, il est réglé par décret, de même que dans les villes qui ont plus de 3 millions de revenus. (*Décret du* 25 *mars* 1852; *Loi du* 24 *juillet* 1867, *article* 15.)

Pour l'impression et la publicité, voyez le mot *Comptes.*

BULLETIN DES COMMUNES. — L'abonnement à cette publication officielle est obligatoire pour toutes les communes, en vertu du décret du 12 février 1852. (*Décret du* 27 *décembre* 1871.)

BULLETIN DES LOIS. — L'abonnement au *Bulletin des lois*, rendu obligatoire pour toutes les communes par l'arrêté des Consuls du 29 prairial an VIII, n'est plus obligatoire que pour les communes chefs-lieux de canton. (*Décret du 12 février 1852, article 1er.*)

BUREAU DE BIENFAISANCE. — Le maire préside la commission administrative du bureau de bienfaisance, qui comprend en outre six membres, savoir : deux élus par le conseil municipal et quatre nommés par le préfet ou par le ministre de l'intérieur, en cas de renouvellement total. (*Loi du 5 août 1879, articles 1er et 5.*)

Le conseil municipal doit donner son avis sur la création d'un bureau de bienfaisance dans la commune (*Loi du 24 juillet 1867, article 14*), sur les budgets et comptes de cet établissement, sur l'acceptation des dons et legs qui lui sont faits et sur les autorisations qu'il peut solliciter pour acquérir, emprunter, échanger, aliéner, plaider ou transiger. (*Loi du 18 juillet 1837, article 21, nos 4, 5 et 6.*)

BUREAUX DE PLACEMENT. — Le maire autorise et surveille les bureaux de placement. Le tarif des droits perçus par ces bureaux est réglé par l'autorité municipale, après approbation du préfet. (*Décret du 25 mars 1852.*)

C

CABARETS. — Voyez *Boissons* et *Hôtels*.

CADASTRE. — Le conseil municipal délibère sur la question de savoir s'il y a lieu de reviser le cadastre de la commune, à la charge par celle-ci d'en supporter les frais. (*Loi du 7 août* 1850, *article* 7.)

La mairie doit conserver dans ses archives les pièces et documents relatifs au cadastre (*Ordonnance du 10 octobre* 1821) et ne doit s'en dessaisir sous aucun prétexte, à moins que le déplacement n'en soit autorisé par le préfet pour un service public. (*Circulaire ministérielle du 16 juin* 1842.)

CAFÉS. — Voyez *Hôtels*.

CAISSE D'ÉPARGNE. — L'initiative de la création des caisses d'épargne appartient aux conseils municipaux, qui délibèrent sur les projets de statuts et prennent l'engagement de pourvoir aux dépenses de cet établissement tant que ses ressources ne seront pas suffisantes. Le conseil municipal nomme les quinze directeurs ou membres du conseil d'administration de la caisse, dont cinq doivent être pris dans le sein du conseil municipal. (*Circulaire du Ministre de l'agriculture et du commerce du 17 décembre* 1852.) Le conseil municipal peut demander la création d'une succursale de la caisse d'épargne la plus voisine

(*Circulaire du Ministre de l'agriculture et du commerce du* 12 *janvier* 1861); ou bien solliciter le concours du percepteur ou du receveur des postes pour le service de la caisse d'épargne. (*Décret du* 23 *août* 1875.)

CAISSE DES ÉCOLES. — Une délibération du conseil municipal, approuvée par le préfet, peut créer dans toute commune une caisse des écoles, destinée à encourager et à faciliter la fréquentation de l'école par des récompenses aux élèves assidus et par des secours aux élèves indigents. Le service en est fait gratuitement par le percepteur. (*Loi du* 10 *avril* 1867, *article* 15.)

CANTONNEMENTS. — Voyez *Logements et cantonnements*.

CANTONNIER. — Les cantonniers employés sur les routes nationales et départementales sont nommés par le préfet sur la proposition de l'ingénieur en chef.

Les cantonniers employés exclusivement sur les chemins vicinaux d'une commune sont nommés par le maire, sous l'approbation du sous-préfet; leur traitement est fixé par le conseil municipal. Ceux qui sont employés à l'entretien de chemins vicinaux appartenant à plusieurs communes sont nommés par le sous-préfet, sur la présentation des maires; leur traitement est fixé par le préfet et formé par les contingents des communes intéressées. (*Règlement sur les chemins vicinaux*, 1870.) Les cantonniers doivent donner avis au maire de tout ce qui peut intéresser la sûreté et la tranquillité publiques. (*Décret du 16 décembre* 1811, *article* 55.)

CARTES A JOUER. — Le maire doit assister les agents de l'administration des contributions indirectes, s'il en est requis, lorsqu'ils font des visites dans les lieux publics pour s'assurer qu'on ne fait pas usage de cartes prohibées. (*Loi du* 28 *avril* 1816, *article* 167.)

CASERNEMENT MILITAIRE. — Le conseil municipal peut s'affranchir des frais de casernement militaire en demandant, par une délibération, d'être admis à contracter un abonnement fixe. (*Loi du* 15 *mai* 1818 *et Ordonnance du* 5 *août* 1818.)

CENTIMES ADDITIONNELS AUX CONTRIBUTIONS DIREC-TES. — 1° *Centimes pour insuffisance de revenus.* — Le conseil municipal, outre les cinq centimes ordinaires additionnels au principal de la contribution foncière et de la contribution personnelle-mobilière qui sont imposés au profit des communes en vertu de la loi du 15 mai 1818, article 31, peut délibérer, avec l'adjonction des plus imposés, sur l'imposition de centimes extraordinaires au principal des quatre contributions directes, dans le cas où les revenus communaux ne suffiraient pas à faire face aux dépenses annuelles. Sa délibération doit être approuvée par le préfet. (*Loi du* 18 *juillet* 1837, *article* 40.)

2° *Centimes pour dépenses extraordinaires.* — Le conseil municipal peut voter, dans la limite du maximum fixé par le conseil général et avec l'adjonction des plus imposés, des contributions extraordinaires n'excédant pas cinq centimes pendant 5 années, pour en affecter le produit à des dépenses extraordinaires d'utilité communale. Dans ces conditions, sa délibération est exécutoire par elle-même. En dehors de ces conditions, sa délibération doit être, selon les cas, approuvée par le préfet ou par décret. (*Loi du* 24 *juillet* 1867, *articles* 3, 5 *et* 7.)

3° *Centimes spéciaux pour les chemins vicinaux.* — Le conseil municipal peut voter pour l'entretien des chemins vicinaux, en cas d'insuffisance des ressources ordinaires de la commune, des centimes spéciaux en addition au principal des contributions directes, dont le maximum est fixé à cinq, et des prestations en nature. (*Loi du* 21 *mai* 1836, *article* 2.)

4° *Centimes extraordinaires pour les chemins vicinaux.* — Le conseil municipal, indépendamment des centimes spéciaux et des prestations pour les chemins vicinaux, peut voter, avec l'adjonction des plus imposés en nombre égal à celui de ses membres, trois centimes extraordinaires sur les quatre contributions, affectés aux chemins vicinaux ordinaires. (*Loi du* 24 *juillet* 1867, *articles* 3 *et* 6.)

5° *Centimes spéciaux pour le traitement du garde champêtre.* — A défaut de ressources suffisantes, le conseil municipal est autorisé à voter, avec l'adjonction des plus imposés, des centimes additionnels en nombre indéterminé portant sur les quatre contributions, pour le salaire du garde champêtre. (*Loi des* 21 *avril* 1832, *article* 19, *et* 31 *juillet* 1867, *article* 16.)

6° *Centimes spéciaux pour les dépenses obligatoires de l'instruction primaire*. — Le conseil municipal peut voter, en cas d'insuffisance des revenus pour faire face aux dépenses obligatoires de l'instruction primaire, savoir : 1° trois centimes (*Loi du 15 mars 1850, article* 40); 2° un centime. (*Loi du 19 juillet 1875, article* 7.)

7° *Centimes extraordinaires pour la gratuité de l'instruction primaire*. — Le conseil municipal peut voter, avec l'adjonction des plus imposés, quatre centimes extraordinaires pour assurer la gratuité de l'instruction primaire. (*Loi du 10 avril 1867, article* 8.)

Si cette imposition, jointe aux ressources propres de la commune, aux centimes spéciaux établis pour le service de l'instruction primaire et aux subventions de l'État ou du département, était encore insuffisante pour assurer la gratuité de l'instruction primaire, le conseil municipal pourrait y affecter de plus une nouvelle imposition extraordinaire et spéciale qui n'excéderait pas six centimes additionnels au principal des quatre contributions directes. (*Loi de finances (recettes) du 26 décembre* 1876, *article* 4.)

CERTIFICATS. — Le maire délivre, d'après les lois et règlements et sur la demande des intéressés, des certificats de bonne conduite, d'indigence, de résidence, de vie, d'identité, de maladie, d'infirmité, de publications de mariage, de célébration de mariage, de légalisation, etc., etc.

CHAMBRES CONSULTATIVES DES ARTS ET MANUFACTURES.
— Dans les villes où sont établies ces chambres, les
maires en sont présidents de droit. (*Arrêté du* 10
thermidor an XI, article 1er.) Les villes doivent fournir le local où elles siégent et supporter les menus
frais auxquels donne lieu la tenue de leurs séances.
(*Idem, articles* 2 et 3; *Loi du* 18 *juillet* 1837, *article*
30, *n°* 19.)

CHANTEURS AMBULANTS. — Le maire autorise les
individus qui veulent exercer, même temporaire-
ment, la profession de chanteurs sur la voie publique.
(*Loi du* 16 *février* 1834.)

CHAPELLE. — Le conseil municipal délibère sur
l'établissement d'une chapelle dans la commune,
lorsqu'il y a des difficultés de communication entre
celle-ci et la commune où se trouve la paroisse. (*Décret du* 30 *septembre* 1807, *articles* 8 *et* 9.)

La commune où se trouve établie une chapelle est
dispensée des frais du culte de l'église dont dépend
la chapelle. Le traitement du prêtre attaché à la chapelle est payé par la commune et non par l'État.
(*Avis du Conseil d'État,* 14 *décembre* 1810.) Lorsque le
prêtre reçoit une indemnité sur le fonds du budget
des cultes, la chapelle est dite vicariale. (*Ordonnance
du* 25 *août* 1819.)

CHARCUTERIE. — De même que le commerce de la
boucherie, le commerce de la viande de porc est
assujetti à la surveillance de l'autorité municipale,
tant au point de vue de la fidélité du débit que de

la salubrité publique. (*Loi des* 16-24 *août* 1790, *titre XI, article* 3.)

CHARLATAN. — Tout charlatan doit, avant de s'établir sur la voie publique, obtenir l'autorisation du maire, et, s'il débite des drogues ou préparations médicamenteuses, justifier d'un diplôme de pharmacien ou d'herboriste. (*Loi du* 21 *germinal an XI, article* 37, *et Décret du* 22 *avril* 1854, *article* 17.)

CHASSE. — Le maire donne son avis sur les demandes de permis de chasse qui lui sont remises par les particuliers, accompagnées de la quittance des droits payés au percepteur. Il tient registre de ces demandes et des permis accordés par le sous-préfet, qui lui sont transmis pour être délivrés aux intéressés.

Le maire fait afficher et publier l'arrêté du préfet relatif à l'ouverture et à la fermeture de la chasse. (*Loi du* 3 *mai* 1844.)

CHEMINS RURAUX. — Le maire dresse le tableau des chemins ruraux, en opère le bornage ; lorsque ces chemins sont ainsi classés et bornés, les riverains peuvent être tenus de prendre l'alignement d'après les limites constatées par le bornage. (*Loi des* 16-24 *août* 1790, *titre XI, article* 3, *et Circulaire ministérielle du* 16 *novembre* 1839.) Les contraventions auxquelles donnent lieu ces chemins sont du ressort du tribunal de simple police.

Les communes dans lesquelles les chemins vicinaux classés sont entièrement terminés peuvent, sur la proposition du conseil municipal et après autorisation du conseil général, appliquer aux chemins publics ruraux l'excédent de leurs prestations disponible, après avoir assuré l'entretien de leurs chemins vicinaux et fourni le contingent qui leur est assigné pour les chemins de grande communication et d'intérêt commun. Toutefois, elles ne peuvent jouir de cette faculté que dans la limite maximum du tiers des prestations et lorsque, en outre, elles ne reçoivent, pour l'entretien de leurs chemins vicinaux ordinaires, aucune subvention de l'État ou du département. (*Loi du* 21 *juillet* 1870.)

CHEMINS VICINAUX ORDINAIRES. — Le maire dresse l'état des chemins qui doivent être classés parmi les chemins vicinaux ordinaires ; il remplit les formalités nécessaires à ce classement ainsi qu'à l'abornement. (*Loi du* 21 *mai* 1836.)

Les chemins vicinaux sont imprescriptibles (*Idem, article* 10); les usurpations dont ils sont l'objet sont déférées, suivant les cas, soit au conseil de préfecture, soit au tribunal de simple police. (*Loi du* 9 *ventôse an XIII*; *Code pénal, article* 479, *n*° 11.)

Les chemins vicinaux légalement reconnus sont à la charge des communes. (*Loi du* 21 *mai* 1836, *article* 1er.)

Le conseil municipal donne son avis sur le classement des chemins vicinaux ainsi que sur la participation de la commune à leur construction et à leur entretien. (*Loi du* 21 *mai* 1836.)

Le conseil municipal délibère sur tout projet tendant à classer un chemin au nombre des chemins vicinaux de la commune. (*Loi du 28 juillet* 1824.)

La délibération du conseil doit déterminer la largeur du chemin; elle doit exprimer un avis sur les réclamations qui peuvent avoir été produites au cours de l'enquête à laquelle l'administration a dû procéder avant de lui soumettre le projet. Dans le cas où la propriété du sol du chemin à classer est revendiquée par des tiers, le conseil donne ses observations et son avis. Il fait connaître, en outre, les ressources au moyen desquelles l'indemnité serait payée, si les prétentions des tiers étaient reconnues fondées. Sur le vu de la délibération du conseil municipal, la commission départementale statue sur le classement, abstraction faite de toute question de propriété et tous droits des tiers réservés. (*Lois du 21 mai* 1836 *et 10 août* 1871, *et Circulaire du ministre de l'intérieur du 21 juillet* 1854.)

Pour les ressources applicables à l'entretien des chemins vicinaux, voyez ci-dessus *Centimes additionnels*.

CHEMINS VICINAUX DE GRANDE COMMUNICATION ET D'INTÉRÊT COMMUN. — Le conseil municipal donne son avis au sujet du contingent que la commune doit fournir dans les dépenses de construction et d'entretien des chemins vicinaux de grande communication et d'intérêt commun; il donne également son avis sur le classement et la direction de ces chemins. Il est statué à cet égard, de même que sur le contingent des communes, par le conseil général. (*Loi du* 10 *août* 1871, *article* 46, *n°* 7.)

CHEVAUX ET VOITURES (Recensement et Classement des). — Le maire fait tous les ans dans sa commune, du 1er au 15 janvier, le recensement des chevaux et juments âgés de six ans et au-dessus et des mulets ou mules de quatre ans et au-dessus, et tous les trois ans, à la même époque, le recensement des voitures attelées autres que celles qui sont affectées au transport des personnes. (*Loi du* 3 *juillet* 1877, *article* 37.)

Il assiste aux opérations de la commission chargée d'en opérer le classement. (*Loi du* 3 *juillet* 1877, *article* 38.)

Il conserve les doubles des tableaux dressés par la commission et qui indiquent le signalement des animaux, le nom de leurs propriétaires et les numéros de tirage au sort déterminant l'ordre d'appel des voitures en cas de mobilisation. (*Loi du* 3 *juillet* 1877, *article* 45.)

CHIENS (Taxe sur les). — Les tarifs de cette taxe, qui est obligatoire dans toutes les communes, ont été établis par un décret du 9 janvier 1856, après délibération des conseils municipaux et avis des conseils généraux. L'intervention du conseil municipal dans l'établissement du tarif ne peut donc plus s'exercer que dans le cas de révision prévu par la loi. Cette révision peut être demandée par le conseil municipal à la fin de chaque période de trois ans. (*Loi du 2 mai* 1855, *article* 4.)

CIMETIÈRES. — Le maire assure la police des cimetières. (*Loi des* 16-24 *août* 1790, *titre XI, article* 3.)

Le conseil municipal règle par ses délibérations le tarif des concessions dans les cimetières. (*Loi du* 24 *juillet* 1867, *article* 1er, *n°* 6.)

Chaque culte doit avoir un lieu particulier d'inhumation lorsqu'il y a plusieurs religions professées dans la commune, et s'il n'y a qu'un seul cimetière, il doit être partagé par des murs, haies ou fossés en autant de parties qu'il y a de cultes différents avec entrée distincte. (*Décret du* 22 *prairial an XII.*)

Le produit de la vente des concessions, divisées en perpétuelles, trentenaires ou temporaires, appartient pour deux tiers aux communes et pour le troisième tiers aux établissements de bienfaisance. (*Ordonnance royale du* 30 *décembre* 1843.)

Les frais de clôture des cimetières font partie des dépenses obligatoires des communes, mais l'entretien des clôtures n'incombe à la commune qu'en cas d'insuffisance des revenus des fabriques. (*Loi du* 18 *juillet* 1837, *article* 30, *et Décret du* 30 *décembre* 1809.) Voyez *Inhumations.*

CIRCONSCRIPTION TERRITORIALE. — Le conseil municipal donne son avis, avec le concours des plus imposés, en nombre égal à celui de ses membres, lorsqu'il s'agit de réunir plusieurs communes en une seule, ou de distraire une section d'une commune soit pour la réunir à une autre, soit pour l'ériger en commune séparée. (*Loi du* 18 *juillet* 1837, *article* 2.)

Les réunions et distractions de communes qui modifient la composition d'un département, d'un arrondissement ou d'un canton, ne peuvent être prononcées que par une loi. (*Loi du* 18 *juillet* 1837, *article* 4.)

Toutes réunions et distractions de communes faisant partie d'un même canton peuvent être prononcées, en cas de consentement des conseils municipaux, délibérant avec les plus imposés, conformément à l'article 2 ci-dessus, par délibération du conseil général. (*Loi du* 10 *août* 1871, *article* 46, *n°* 6.) Si, l'avis du conseil général étant conforme, celui des conseils municipaux est contraire, il faut un décret. (*Loi du* 24 *juillet* 1867, *article* 13.) Si l'avis du conseil général est contraire, il faut une loi. (*Ibid.*)

CLOCHES. — Le maire a le droit de disposer des cloches pour usages civils. (*Avis du Conseil d'État,* 21 *juillet* 1825.) Les difficultés qui peuvent surgir à ce sujet entre le maire et le curé doivent être réglées entre l'évêque et le préfet. (*Loi du* 18 *germinal an X, article* 48.)

CLOTURE. — Le maire peut, en vertu de ses pouvoirs de police, contraindre le propriétaire à clore, ou, en cas de refus, clore aux frais du propriétaire, tout terrain ou bâtiment sans clôture pouvant servir de refuge aux malveillants. (*Loi du* 18 *nivôse an XIII.*)

COLLÈGE COMMUNAL. — Le budget du collège communal, dressé par le conseil d'administration, doit être arrêté par le conseil municipal avant d'être soumis à l'approbation de l'autorité compétente. (*Ordonnance du 29 janvier 1839, article 14.*)

Pour établir un collège communal, toute ville doit satisfaire aux conditions suivantes : fournir un local approprié à cet usage, et en assurer l'entretien ; placer et entretenir dans ce local le mobilier nécessaire à la tenue des cours, et à celle du pensionnat, si l'établissement doit recevoir des élèves internes ; garantir pour cinq ans au moins le traitement fixe du principal et des professeurs, lequel sera considéré comme dépense obligatoire pour la commune, en cas d'insuffisance des revenus propres du collège, de la rétribution collégiale payée par les externes, et des produits du pensionnat.

COLPORTAGE. — Le maire vérifie les estampilles des colporteurs de livres. (*Loi du 27 juillet 1849, article 6.*) Il reçoit la déclaration de tout citoyen français jouissant de ses droits civils et politiques qui veut colporter et distribuer des journaux dans la commune ; il donne récépissé de cette déclaration, après laquelle le colporteur peut exercer son commerce. (*Loi du 9 mars 1878, article 1er.*)

COMMISSAIRES DE POLICE. — Les commissaires de police concourent sous l'autorité des maires à tous les objets de police confiés à la vigilance de ces magistrats ; ils ne sont, à ce point de vue de leurs fonctions, que les délégués du pouvoir municipal. (*Cour de Cassation,* 15 *décembre* 1838.)

COMMISSIONS ADMINISTRATIVES. — Voyez *Bureaux de bienfaisance* et *Hôpitaux.*

COMMISSIONS SYNDICALES. — Lorsque plusieurs communes possèdent des biens ou des droits par indivis, un décret institue, si l'une d'elles le réclame, une commission syndicale composée de délégués des conseils municipaux des communes intéressées.

Chacun des conseils élit dans son sein, au scrutin secret et à la majorité des voix, le nombre de délégués qui aura été déterminé par le décret.

La commission syndicale est renouvelée tous les trois ans, après le renouvellement des conseils municipaux.

Les délibérations prises par la commission ne sont exécutoires que sur l'approbation du préfet, et demeurent d'ailleurs soumises à toutes les règles établies pour les délibérations des conseils municipaux. (*Loi du* 18 *juillet* 1837, *article* 70.)

La commission syndicale est présidée par un syndic nommé par le préfet et choisi parmi les membres qui la composent.

Les attributions de la commission syndicale et du syndic, en ce qui touche les biens et les droits indivis, sont les mêmes que celles des conseils municipaux et des maires pour l'administration des propriétés communales. (*Ibid., article* 71.)

Lorsqu'une section de commune est dans le cas

d'intenter ou de soutenir une action judiciaire contre la commune elle-même, il est formé, pour cette section, une commission syndicale de trois ou cinq membres, que le préfet choisit parmi les électeurs municipaux, et, à leur défaut, parmi les citoyens les plus imposés. Les membres du corps municipal qui seraient intéressés à la jouissance des biens ou droits revendiqués par la section ne devront point participer aux délibérations du conseil municipal relatives au litige.

Ils sont remplacés, dans toutes ces délibérations, par un nombre égal d'électeurs municipaux de la commune, que le préfet choisit parmi les habitants ou propriétaires étrangers à la section.

L'action est suivie par celui de ses membres que la commission syndicale désigne à cet effet. (*Loi du 18 juillet* 1837, *article* 56.)

Lorsqu'une section est dans le cas d'intenter ou de soutenir une action judiciaire contre une autre section de la même commune, il est formé, pour chacune des sections intéressées, une commission syndicale conformément à l'article précédent. (*Idem, article* 57.)

COMPTABILITÉ OCCULTE. — Toute personne qui s'immisce volontairement dans le maniement des fonds des communes se constitue, par cela même, comptable de deniers publics et encourt toutes les responsabilités auxquelles les comptables en titre sont assujettis. Sa gestion doit être apurée par la juridiction compétente, ses biens sont frappés immédiatement d'hypothèque légale au profit de la commune et peuvent même être placés sous séquestre. (*Loi du 18 juillet 1837, article 64 ; décret du 31 mai 1862, article 25 ; Code civil, article 2121 ; loi du 28 pluviôse an III, titre 2.*)

COMPTES. — Le conseil municipal délibère sur les comptes qui lui sont présentés annuellement par le maire avant la délibération du budget. Il entend, débat et arrête les comptes de deniers des receveurs, sauf règlement définitif par l'autorité compétente. (*Loi du 18 juillet 1837, articles 23, 60.*)

Dans les séances où les comptes d'administration du maire sont débattus, le conseil municipal désigne au scrutin celui de ses membres qui exerce la présidence.

Le maire peut assister à la délibération ; il doit se retirer au moment où le conseil municipal va émettre son vote. Le président adresse directement la délibération au sous-préfet. (*Ibid., article 25.*)

Les budgets et comptes sont déposés à la mairie où tout contribuable peut en prendre connaissance ; ils doivent être imprimés dans les villes qui ont plus de 100,000 fr. de revenus. (*Ibid., article 69.*)

CONCESSIONS DANS LES CIMETIÈRES. — Voyez *Cimetières.*

CONCESSIONS D'EAUX. — Voyez *Eaux.*

CONSEIL MUNICIPAL (Composition du). — Chaque commune a un conseil municipal composé de 10 membres dans les communes de 500 habitants et au-dessous ;

De 12, dans celles de...   501 à 1,500 ;
De 16, dans celles de...   1,501 à 2,500 ;
De 21, dans celles de...   2,501 à 3,500 ;
De 23, dans celles de...   3,501 à 10,000 ;
De 27, dans celles de...   10,001 à 30,000 ;
De 30, dans celles de...   30,001 à 40,000 ;
De 32, dans celles de...   40,001 à 50,000 ;
De 34, dans celles de...   50,001 à 60,000 ;
De 36, dans celles de...   60,001 et au-dessus.

(*Loi du 5 mai 1855, article 6.*) Voyez *Délibérations, Sessions* et *Tableau.*

CONSEILLER MUNICIPAL. — Pour être élu conseiller municipal il faut avoir 25 ans, être électeur municipal (voyez ce mot) et avoir son domicile réel dans la commune ou être inscrit au rôle de l'une des quatre contributions directes dans ladite commune ; le conseil ne peut contenir qu'un quart de membres non domiciliés. (*Loi du 14 avril 1871, article 4.*)

Ne peuvent être conseillers municipaux :

1° Les comptables de deniers communaux et les agents salariés de la commune ;

2° Les entrepreneurs de services communaux ;

3° Les domestiques attachés à la personne ;

4° Les individus dispensés de subvenir aux charges communales, et ceux qui sont secourus par les bureaux de bienfaisance (*Loi du 5 mai 1855, article 9*) ;

5° Les juges de paix titulaires, dans les cantons où ils exercent leurs fonctions ;

6° Les membres amovibles des tribunaux de première instance, dans les communes de leur arrondissement. (*Loi du* 14 *avril* 1871, *article* 5.)

Les fonctions de conseiller municipal sont incompatibles avec celles :

1° De préfets, sous-préfets, secrétaires généraux, conseillers de préfecture ;

2° De commissaires et d'agents de police ;

3° De militaires ou employés des armées de terre et de mer en activité de service ;

4° Des ministres des divers cultes en exercice dans la commune.

Nul ne peut être membre de plusieurs conseils municipaux. (*Loi du* 5 *mai* 1855, *article* 10.)

Dans les communes de 500 âmes et au-dessus, les parents au degré de père, de fils, de frère, et les alliés au même degré, ne peuvent être en même temps membres du conseil municipal. (*Idem, article* 11.)

Tout conseiller municipal qui, pour une cause survenue postérieurement à sa nomination, se trouve dans un des cas prévus par les articles 9, 10 et 11 de la loi du 5 mai 1855, est déclaré démissionnaire par le préfet, sauf recours au conseil de préfecture. (*Idem, article* 12.)

Tout membre du conseil municipal qui, sans motifs légitimes, a manqué à trois convocations consécutives, peut être déclaré démissionnaire par le préfet, sauf recours, dans les dix jours de la notification, devant le conseil de préfecture. (*Idem, article* 20.)

Les membres du conseil municipal ne peuvent prendre part aux délibérations relatives aux affaires dans lesquelles ils ont un intérêt soit en leur nom personnel, soit comme mandataires. (*Loi du* 5 *mai* 1855, *article* 21.)

CONSEILS DE PRUD'HOMMES. — Les frais de dépenses des conseils de prud'hommes sont obligatoires pour les communes où ils siègent. (*Loi du* 18 *juillet* 1837, *article* 30, *n°* 19.)

Les communes peuvent avoir aussi à supporter les frais d'allocation de jetons de présence aux membres patrons et ouvriers des conseils de prud'hommes, l'article 30 du décret du 18 mars 1806 étant abrogé. (*Loi du* 7 *février* 1880, *article* 6.)

La liste des électeurs prud'hommes est préparée par le maire assisté d'un électeur patron et d'un électeur ouvrier, et arrêtée par le préfet; elle comprend les patrons âgés de 25 ans, patentés depuis 5 ans et domiciliés depuis 3 ans dans la circonscription; les chefs d'ateliers, contre-maîtres et ouvriers âgés de 25 ans, exerçant leur industrie depuis 5 ans et domiciliés depuis 3 ans dans ladite circonscription. (*Loi du* 1er *juin* 1853, *articles* 4 *et* 7.)

CONTRIBUTION PERSONNELLE ET MOBILIÈRE. — Le conseil municipal désigne les individus qu'il croit devoir exempter de toute cotisation ou n'assujettir qu'à la taxe personnelle. (*Loi du* 21 *avril* 1832, *article* 18.)

Dans les villes ayant un octroi, il délibère sur la question de savoir si le contingent personnel et mobilier pourra être payé en tout ou en partie par la caisse de la commune et quelle portion de ce contingent devra être prélevée sur les produits de l'octroi. (*Loi du* 21 *avril* 1832, *article* 18.) L'excédent, déduction faite des faibles loyers qui seront jugés devoir être exemptés de toute cotisation, est réparti par le conseil soit au centime le franc des loyers, soit d'après un tarif gradué en raison de leur progression ascendante. (*Loi du* 3 *juillet* 1846, *article* 5.)

CONTRIBUTIONS DIRECTES. — Le maire dresse la liste annuelle des candidats à la commission de répartition des contributions, dont il est le président de droit; il publie les rôles pour le recouvrement, affiche l'arrêté du préfet qui les rend exécutoires. (*Lois des* 3 *frimaire et* 4 *messidor an* VII.)

Lorsque le travail annuel des mutations va commencer, il affiche l'avis de la tournée du contrôleur qui lui est envoyée dix jours à l'avance par le directeur des contributions directes. (*Instruction générale du* 20 *juin* 1859, *article* 28.)

Il transmet chaque année au contrôleur l'état des mutations survenues dans les patentes. (*Loi du* 25 *avril* 1844.)

Il publie les états de section et les matrices des rôles du cadastre, adresse à chaque propriétaire un bulletin indiquant la nature, la situation, le classement de chaque parcelle. Après jugement des réclamations, il publie le travail général. (*Loi du 31 juillet 1821, et Ordonnance du 3 octobre 1821.*)

En cas de poursuites avec frais, le maire publie la contrainte décernée par le receveur des finances, laquelle doit avoir été au préalable visée par le sous-préfet. (*Instruction générale du 20 juin 1859, article 99.*)

CONTRIBUTIONS INDIRECTES. — Le maire prononce, sauf recours au conseil de préfecture, sur les contestations entre les employés des contributions indirectes et les débitants, relativement à l'exactitude de la déclaration des prix de vente. (*Loi du 28 avril 1816, article 49.*)

Il assiste les employés de la régie, lorsque ceux-ci l'en requièrent, dans les visites faites chez des particuliers non soumis à l'exercice et soupçonnés de fraude. (*Idem, article 237.*) Voyez *Boissons*.

CONVOCATIONS DU CONSEIL MUNICIPAL. — Voyez *Sessions*.

COTISATIONS MUNICIPALES. — On entend par ces mots les contingents fournis par les communes à la caisse du trésorier-payeur général pour faire face à certaines dépenses d'intérêt commun, telles que les frais de confection et de renouvellement des matrices, la fourniture des registres de l'état civil, celle des imprimés nécessaires aux communes, l'entretien des **enfants trouvés et des aliénés, les abonnements à**

diverses publications, les traitements des instituteurs et des institutrices communaux, etc.

COUPES DE BOIS. — Le conseil municipal délibère sur les délivrances de coupes ordinaires et extraordinaires dans les conditions établies par le Code forestier. Les coupes *ordinaires* sont celles qui sont faites régulièrement dans la partie des bois non mise en réserve pour croître en futaie (c'est-à-dire les trois quarts de la surface des bois) et conformément aux dispositions établies par les agents forestiers. Les coupes *extraordinaires* sont celles dont la délivrance peut être autorisée dans le quart mis en réserve, pour faire face à des dépenses extraordinaires d'utilité communale.

COURS D'ADULTES. — Le conseil municipal donne son avis sur l'indemnité qui peut être allouée annuellement aux instituteurs et institutrices dirigeant une classe communale d'adultes; cette indemnité est fixée par le ministre de l'instruction publique. (*Loi du* 10 *avril* 1867, *article* 7.)

CRÉDITS. — Les dépenses des communes ne peuvent être ordonnancées ni acquittées que s'il existe au budget des crédits régulièrement ouverts et affectés à chacune d'elles. (*Décret du* 31 *mai* 1862, *articles* 502 *et* 503.)

CRIMES ET DÉLITS. — Les maires doivent leur concours à la recherche des auteurs des crimes et délits. Voyez *Police judiciaire, Flagrant délit.*

CULTES. — Le conseil municipal est toujours appelé

à donner son avis : sur les circonscriptions relatives au culte ; sur les budgets et comptes des fabriques et autres administrations préposées à l'entretien des cultes dont les ministres sont salariés par l'État, lorsqu'elles reçoivent des secours sur les fonds communaux ; et sur les autorisations d'emprunter, d'acquérir, d'échanger, d'aliéner, de plaider ou de transiger, demandées par les mêmes fabriques et administrations. (*Loi du 18 juillet 1837, article 21, n*ᵒˢ *1, 5 et 7.*) Voyez *Églises* et *Dépenses du culte.*

D

DÉLIBÉRATIONS. — Les séances des conseils municipaux ne sont pas publiques. (*Loi du 5 mars 1855, article 22.*)

Les délibérations d'un conseil municipal portant sur un objet étranger à ses attributions ou prises hors de sa réunion légale sont nulles de plein droit. (*Idem, articles 23 et 24.*)

Les délibérations sont inscrites, par ordre de date, sur un registre coté et parafé par le sous-préfet.

Elles sont signées par tous les membres présents à la séance ou mention est faite de la cause qui les a empêchés de signer.

Copie en est adressée au préfet et au sous-préfet dans la huitaine.

Tout habitant ou contribuable de la commune a droit de demander communication, sans déplacement, et de prendre copie des délibérations du conseil municipal de sa commune. (*Idem, article 22.*)

Les délibérations des conseils municipaux se divisent en deux catégories, savoir :

1° *Les délibérations exécutoires par elles mêmes* ou *règlements.* Par ces délibérations, les conseils municipaux règlent définitivement certains objets déterminés, notamment par l'article 17 de la loi du 18 juillet 1837 (voyez les mots *Biens communaux, Baux, Pâturages et fruits communaux, Affouages*) et par les articles 1er, 3 et 9 de la loi du 24 juillet 1867 (voyez les mots *Acquisitions d'immeubles, Baux de biens communaux, Travaux de grosses réparations, Halles, foires et marchés, Stationnement sur la voie publique, Cimetières, Assurances des bâtiments communaux, Affectation de propriétés communales, Dons et legs, Octroi, Centimes, Emprunts*); pourvu que, dans les trente jours qui suivent la notification de ces délibérations au sous-préfet, elles n'aient pas été annulées par le préfet, soit d'office pour violation d'une disposition de la loi ou d'un règlement d'administration publique, soit sur la réclamation de toute partie intéressée. Toutefois le préfet peut suspendre l'exécution de la délibération pendant un autre délai de trente jours. (*Loi du 18 juillet 1837, article 18.*)

Quant aux délibérations dont l'objet est déterminé par la loi du 24 juillet 1867, elles ne sont exécutoires qu'à la condition d'avoir été prises d'accord avec le maire. A défaut de cet accord, elles sont subordonnées, pour être exécutoires, à l'approbation du préfet ou de l'autorité supérieure suivant les cas. (*Loi du 24 juillet 1867, articles 1er, 3, 9.*)

2° *Les délibérations non exécutoires par elles-mêmes.* Ces délibérations, dont les principales sont énumérées dans l'article 19 de la loi du 18 juillet 1837, sont **adressées au sous-préfet et ne sont exécutoires que** sur l'approbation du préfet ou de l'autorité supérieure suivant les cas.

DÉNOMBREMENT DE LA POPULATION. — Les frais nécessités par ce travail forment une dépense obligatoire des communes. (*Loi du* 18 *juillet* 1837, *article* 30, *n°* 4.) Le dénombrement est fait tous les cinq ans par les soins des administrations municipales. (*Ordonnance royale du* 16 *janvier* 1822.)

DÉPENSES. — Le maire ordonnance toutes les dépenses. (*Loi du* 18 *juillet* 1837, *article* 10, *n°* 4.) Voyez *Mandats*.

DÉPENSES DU CULTE. — Le conseil municipal, d'après l'article 22 du décret du 30 décembre 1809, doit suppléer à l'insuffisance des revenus de la fabrique :

1° Pour les charges portées à l'article 37 dudit décret.

Les charges de la fabrique, aux termes de cet article, sont : 1° de fournir aux frais nécessaires du culte, savoir : les ornements, les vases sacrés, le linge, le luminaire, le pain, le vin, l'encens, le paiement des vicaires, des sacristains, chantres, organistes, sonneurs, suisses, bedeaux et autres employés au service de l'église, selon la convenance et les besoins des lieux ; 2° de payer l'honoraire des prédicateurs de l'Avent, du Carême et autres solennités ; 3° de pourvoir à la décoration et aux dépenses relatives à l'embellissement intérieur de l'église ; 4° de veiller à l'entretien des églises, presbytères et cimetières ; et, en cas d'insuffisance des revenus de la fabrique, de faire toutes diligences nécessaires pour qu'il soit pourvu aux réparations et constructions (*Décret du* 30 *décembre* 1809, *article* 92) ;

2° Pour l'indemnité de logement au curé, s'il n'y a pas de presbytère (*Ibid.*) ;

3° Pour les grosses réparations des édifices consacrés au culte (*Ibid.*) ;

4° Pour le traitement des vicaires. (*Id., article* 39.)

DÉPENSES FACULTATIVES. — Toutes les dépenses communales autres que celles que la loi déclare obligatoires, sont facultatives. (*Loi du* 18 *juillet* 1837, *article* 30.) Telles sont les suivantes : entretien des promenades publiques ; salaire du cantonnier ; fonds accordés aux hospices ; supplément de traitement du desservant ; supplément de traitement de l'instituteur ; dépenses pour la gratuité de l'enseignement primaire ; entretien de la bibliothèque communale ; fêtes publiques, etc.

DÉPENSES IMPRÉVUES. — Le crédit pour dépenses imprévues ne peut excéder le dixième des recettes ordinaires ; il est employé par le maire, avec l'approbation du préfet pour les communes de l'arrondissement chef-lieu, et du sous-préfet pour les autres. Dans les communes qui ne sont pas chefs-lieux de département ou d'arrondissement, le maire peut employer le montant de ce crédit aux dépenses urgentes sans approbation préalable, à la charge d'en informer immédiatement le sous-préfet et d'en rendre compte au conseil municipal à la prochaine session ordinaire. (*Loi du* 18 *juillet* 1837, *article* 37.)

DÉPENSES OBLIGATOIRES. — Le conseil municipal inscrit au budget de la commune les dépenses déclarées obligatoires par les lois, et en cas de refus du conseil, ces dépenses sont mises à la charge de la commune par l'autorité préposée à l'approbation du budget, après que le conseil a été préalablement appelé à en délibérer. (*Loi du* 18 *juillet* 1837, *articles* 30 *et* 39.)

Sont obligatoires les dépenses suivantes :

1° L'entretien, s'il y a lieu, de l'hôtel de ville ou du local affecté à la mairie ;

2° Les frais de bureau et d'impression pour le service de la commune ;

3° L'abonnement au *Bulletin des lois* pour les chefs-lieux de canton et au *Bulletin des communes* pour les autres communes ;

4° Les frais de recensement de la population ;

5° Les frais des registres de l'état civil et la portion des tables décennales à la charge des communes ;

6° Le traitement du receveur municipal, du préposé en chef de l'octroi et les frais de perception ;

7° Le traitement des gardes des bois de la commune et des gardes champêtres ;

8° Le traitement et les frais de bureau des commissaires de police, tels qu'ils sont déterminés par les lois ;

9° **Les** pensions des employés municipaux et des commissaires de police, régulièrement liquidées et approuvées ;

10° Les frais de loyer et de réparation du local de la justice de paix, ainsi que ceux d'achat et d'entretien de son mobilier, dans les communes chefs-lieux de canton ;

11° Les dépenses relatives à l'instruction publique, conformément aux lois ;

12° L'indemnité de logement aux curés et desservants, et autres ministres des cultes salariés par l'État, lorsqu'il n'existe pas de bâtiment affecté à leur logement ;

13° Les secours aux fabriques des églises et autres administrations préposées aux cultes dont les ministres sont salariés par l'État, en cas d'insuffisance de leurs revenus ; justifiée par leurs comptes et budgets ;

14° Le contingent assigné à la commune, conformément aux lois, dans la dépense des enfants assistés ;

15° Les grosses réparations aux édifices communaux, sauf l'exécution des lois spéciales concernant les bâtiments militaires et les édifices consacrés au culte ;

16° La clôture des cimetières, leur entretien et leur translation dans les cas déterminés par les lois et règlements d'administration publique ;

17° **Les** frais des plans d'alignement ;

18° Les frais et dépenses des conseils de prud'-hommes, pour les communes où ils siègent ; les menus frais des chambres consultatives des arts et manufactures, pour les communes où elles existent ;

19° Les contributions et prélèvements établis par les lois sur les biens et revenus communaux ;

20" L'acquittement des dettes exigibles (*Loi du* 18 *juillet* 1837, *article* 30) ;

21° Les frais des *Sociétés de secours mutuels* tels qu'ils ont été déterminés par la loi du 15 juillet 1850 ;

22° Les secours et pensions accordés aux sapeurs-pompiers, à leurs veuves et à leurs orphelins (*Loi du* 5 *avril* 1851, *article* 1er) ;

23° La part de dépense mise à la charge de la commune pour l'exécution de travaux de défense contre les inondations (*Loi du* 28 *mai* 1858, *article* 4) ;

24° Les frais de tenue des assemblées pour l'élection des membres des assemblées législatives, des conseils généraux, d'arrondissement et municipaux, des membres des tribunaux de commerce et des conseils de prud'hommes, des chambres consultatives des arts et manufactures et des chambres de commerce (*Loi du* 7 *août* 1850, *article* 1er, *et Décret du* 31 *mai* 1862, *article* 486, *n°* 23) ;

25° L'entretien des chemins vicinaux (*Loi du* 21 *mai* 1836, *article* 1er) ;

26° Le desséchement, l'assainissement et la mise en culture et plantations des marais ou terres incultes appartenant aux communes lorsque leur mise en valeur a été reconnue utile (*Loi du* 28 *juillet* 1860, *article* 1*er*) ;

27° Le reboisement et le gazonnement des montagnes (*Lois des* 28 *juillet* 1860 *et* 8 *juin* 1864) ;

28° Le logement du magistrat qui préside les assises dans une autre ville que celle où siège la cour d'appel (*Décret du* 27 *février* 1811);

29° Les dépenses résultant des condamnations prononcées contre la commune comme responsable des délits commis à force ouverte sur son territoire par des attroupements armés ou non armés (*Loi du* 10 *vendémiaire an IV*) ;

30° Les frais de casernement et d'entretien de la literie dans les bâtiments militaires (*Décret du* 23 *avril* 1810 *et Loi du* 15 *mai* 1818) ;

31° Les frais de dépôts ou chambres de sûreté servant à l'exécution des condamnations de simple police dans les lieux où il ne se trouve ni maison de justice ou d'arrêt, ni prison (*Loi du* 28 *germinal an* VI);

32° Les frais résultant de la visite des fours et cheminées (*Loi du* 28 *septembre* 1791) ;

33° Le concours de la commune dans la dépense faite par le département pour le transport, l'entretien, le séjour et le traitement dans les asiles, des aliénés ayant leur domicile dans la commune (*Loi du* 30 *juin* 1838, *articles* 27 *et* 28) ;

34° La dépense résultant de l'envoi des indigents aux eaux minérales quand il y a lieu (*Arrêtés du* 23 *vendémiaire an VI et du* 29 *floréal an VIII*) ;

35° Les dépenses des commissions de statistique dans les communes chefs-lieux de canton (*Décret du 1er juillet 1852, article 1er*);

36° Le remboursement à l'État des frais d'inspection des établissements d'eaux minérales appartenant aux communes (*Loi du 14 juillet 1856*);

37° (Lorsque la création d'une école dans une commune a été décidée par l'autorité compétente.) Les frais d'installation, d'acquisition, d'appropriation et de construction des locaux scolaires et d'acquisition du mobilier scolaire soit pour une commune, soit pour deux ou plusieurs communes réunies. (*Loi du 1er juin 1878, article 14.*)

DÉSERTEURS. — Le maire est tenu de coopérer aux efforts de la gendarmerie pour l'arrestation des déserteurs. (*Arrêté du 3 fructidor an VI, article 2.*)

DOMESTIQUES. — Les domestiques attachés à la personne ne peuvent être membres du conseil municipal. (*Loi du 5 mai 1855, article 9, n° 3.*)

DONS ET LEGS. — Le conseil municipal règle par ses délibérations l'acceptation ou le refus de dons ou legs faits à la commune sans charges, conditions ni affectation immobilière, lorsque ces dons et legs ne donnent pas lieu à réclamation. Sa délibération est exécutoire par elle-même dans les délais et conditions énoncés au mot *Délibérations*, mais pourvu toutefois qu'elle ait été prise d'accord avec le maire. (*Loi du 24 juillet 1867, article 1er, n° 9.*)

Dans les autres cas, le conseil *délibère*, et sa délibération est soumise à l'approbation du préfet ou de l'autorité supérieure. (*Loi du* 18 *juillet* 1837, *article* 19, *n°* 9.)

Le maire peut toujours, à titre conservatoire, accepter les dons et legs, en vertu de la délibération du conseil municipal : le décret ou l'arrêté du préfet, qui intervient ensuite, a effet du jour de cette acceptation. (*Loi du* 18 *juillet* 1837, *article* 48.)

DOUANES. — Le maire accompagne, s'il en est requis, les préposés des douanes aux saisies des marchandises prohibées. (*Loi des* 6-22 *août* 1791 *et Décret du* 20 *septembre* 1809, *article* 2.)

Il délivre des permis, dans un rayon de 10 kilomètres des frontières, pour le transport d'objets prohibés à la sortie et destinés à la consommation locale. (*Arrêté du* 25 *messidor an* VI.)

Il donne son avis sur les projets d'établissements d'usines dans un rayon de 20 kilomètres des frontières. (*Loi du* 10 *brumaire an* XIV.)

DROITS CIVILS ET POLITIQUES. — Les droits civils règlent les rapports des citoyens entre eux, considérés comme personnes privées (droits de famille, droit de propriété, droit à l'héritage, etc.); ils sont inhérents à la qualité de Français et sont suspendus par la minorité, l'interdiction, l'absence, la faillite, la condamnation à des peines correctionnelles afflictives ou infamantes. (*Code civil, articles* 388, 509, 112 *et suivants; Code de commerce, article* 440 *et suivants; Code pénal, article* 22 *et suivants,* 28 *et suivants.*)

Les droits politiques, appelés aussi droits civiques, règlent les rapports des citoyens avec la puissance publique et sont inhérents à la qualité de citoyen. Pour être électeur municipal, l'une des conditions essentielles est de jouir de ses droits civils et politiques. (*Loi du 7 juillet* 1874, **article 5.**)

DROIT DES PAUVRES. — Le maire veille à l'exécution des lois sur la perception du droit des pauvres. (*Arrêté du* 10 *thermidor an XI.*) Ce droit, perçu au profit des hospices et bureaux de bienfaisance, est du dixième du prix d'entrée dans les spectacles, bals et concerts quotidiens, et du quart de la recette brute sur les spectacles, etc., non quotidiens. (*Lois du 7 frimaire et du 8 thermidor an V.*)

E

EAUX. — Le produit des concessions d'eau fait partie des recettes ordinaires des communes. (*Loi du 18 juillet 1837, article 31.*) Ces concessions sont consenties en conformité d'un règlement voté par le conseil municipal dans les formes établies pour l'administration des *biens communaux* (voyez ce mot), et le tarif est fixé par délibération du conseil municipal, soumise à l'approbation du préfet. (*Idem, articles 17 et 19, n° 2.*)

EAUX MINÉRALES. — Les communes doivent supporter la dépense de route des malades indigents qui se rendent dans les établissements d'eaux minérales appartenant à l'État. L'autorisation de s'y rendre n'est accordée aux indigents que sur l'avis du maire et du préfet et sur le certificat d'un médecin constatant que les eaux minérales sur lesquelles le malade se dirige conviennent à son état. (*Arrêté du 27 floréal an VII, et Circulaire ministérielle du 2 mars 1823.*) Ces dépenses sont à la charge des établissements charitables s'il en existe dans la commune d'origine des indigents. (*Circulaire ministérielle du 9 juin 1834.*)

ÉCHANGE DE PROPRIÉTÉS COMMUNALES. — Le conseil municipal délibère sur les échanges de propriétés communales. (*Loi du 18 juillet 1837, article 19, n° 3.*)

La délibération est soumise à l'approbation du préfet, qui peut soumettre l'échange projeté à une enquête publique *de commodo et incommodo*. (*Idem, article* 20.)

ÉCHENILLAGE. — Voyez *Insectes nuisibles.*

ÉCOLES PRIMAIRES. — Toute commune doit entrete-. nir une ou plusieurs écoles primaires. Mais le conseil départemental peut autoriser une commune à se réunir à une ou plusieurs communes voisines pour l'entretien d'une école. (*Loi du* 15 *mars* 1850, *article* 36.)

Le conseil municipal donne son avis sur le nombre des écoles publiques de garçons ou de filles à établir dans chaque commune; ce nombre est fixé par le conseil départemental. Il donne aussi son avis sur le cas où, à raison des circonstances, il peut être établi une ou plusieurs écoles de hameau. (*Loi du* 10 *avril* 1867, *article* 2.)

Le conseil départemental peut dispenser une commune d'entretenir une école publique, à condition qu'elle pourvoira à l'enseignement primaire gratuit, dans une école libre, de tous les enfants dont les familles sont hors d'état d'y subvenir. Cette dispense peut toujours être retirée. (*Loi du* 15 *mars* 1850, *article* 36.)

Dans les communes où les différents cultes reconnus sont professés publiquement, des écoles séparées doivent être établies pour les enfants appartenant à chacun de ces cultes. (*Ibid.*)

Toute commune de 500 habitants et au-dessus est

tenue d'avoir au moins une école publique de filles, si elle n'en est pas dispensée par le conseil départemental, en vertu de l'article 15 de la loi du 15 mars 1850. (*Loi du 10 avril 1867, article 1er, § 1er.*)

Écoles de hameau. — Le conseil départemental détermine, sur l'avis du conseil municipal, les cas où, à raison des circonstances, il peut être établi une ou plusieurs écoles de hameau dirigées par des adjoints ou des adjointes. (*Loi du 10 avril 1867, article 2, § 4.*)

Le maire surveille la tenue des écoles primaires communales; il en a aussi la direction morale, de concert avec le ministre du culte chargé de surveiller l'enseignement religieux. (*Loi du 15 mars 1850, article 44.*)

Il exerce l'inspection des écoles primaires libres au point de vue de la moralité, de l'hygiène et de la salubrité. (*Loi du 15 mars 1850, article 18, n° 4, et article 21.*)

Le maire prépare chaque année, de concert avec les ministres des cultes, la liste des enfants qui doivent être admis gratuitement aux écoles publiques. Il délivre le bulletin d'admission. (*Loi du 15 mars 1850, article 45.*)

Voyez *Enseignement primaire, Instituteur et Institutrice.*

ÉCONOMIE (Travaux par). — Voyez *Régie.*

ÉGLISES. — Le maire assure la police des églises et autres lieux publics. (*Loi des 18-24 août 1790, titre XI, article 3.*)

Le conseil municipal est appelé à délibérer sur les travaux d'entretien, de réparation et de reconstruction des églises et presbytères, et il doit mettre la dépense à la charge de la commune si la fabrique n'a pas les moyens nécessaires pour y subvenir. (*Décret du 30 décembre 1809, article 92 et 93.*)

ÉLECTEURS MUNICIPAUX. — Sont inscrits sur la liste des électeurs municipaux tous les citoyens âgés de vingt et un ans, jouissant de leurs droits civils et politiques et n'étant dans aucun cas d'incapacité prévu par la loi :

1° Qui sont nés dans la commune ou qui y ont satisfait à la loi du recrutement, et, s'ils n'y ont pas conservé leur résidence, sont venus s'y établir de nouveau depuis six mois au moins ;

2° Qui, même n'étant pas nés dans la commune, y auront été inscrits depuis un an au rôle d'une des quatre contributions directes ou au rôle des prestations en nature, et, s'ils ne résident pas dans la commune, auront déclaré vouloir y exercer leurs droits électoraux. Seront également inscrits les membres de la famille des mêmes électeurs compris dans la cote de la prestation en nature, alors même qu'ils n'y sont pas personnellement portés, et les habitants qui, en raison de leur âge ou de leur santé, auront cessé d'être soumis à cet impôt ;

3° Qui se sont mariés dans la commune et justifieront qu'ils y résident depuis un an au moins ;

4° Qui, ne se trouvant pas dans un des cas ci-dessus, demanderont à être inscrits sur la liste électorale et justifieront d'une résidence de deux années consécutives dans la commune. Ils devront déclarer le lieu et la date de leur naissance ;

5° Qui, en vertu de l'article 2 du traité de paix du 10 mai 1871, ont opté pour la nationalité française et déclaré fixer leur résidence dans la commune, conformément à la loi du 19 juin 1871 ;

6° Qui sont assujettis à une résidence obligatoire dans la commune, en qualité soit de ministres des cultes reconnus par l'État, soit de fonctionnaires publics.

Seront également inscrits les citoyens qui, ne remplissant pas les conditions d'âge et de résidence ci-dessus indiquées lors de la formation des listes, les rempliront avant la clôture définitive.

L'absence de la commune résultant du service militaire ne porte aucune atteinte aux règles ci-dessus édictées pour l'inscription sur les listes électorales. (*Loi du 7 juillet* 1874, *article* 5.)

ÉLECTIONS. — A) *Règles communes aux élections de députés, de conseillers généraux ou de conseillers d'arrondissement et de conseillers municipaux.* — Le maire préside le bureau électoral lorsqu'il n'y en a qu'un dans la commune ; s'il y a plusieurs bureaux, le premier est présidé par le maire, et les autres, successivement, par les adjoints et par les conseillers municipaux dans l'ordre du tableau. (*Décret réglementaire du 2 février* 1852, *article* 13. — *Loi du 5 mai* 1855, *article* 29.)

Il a la police de l'assemblée et peut seul requérir la force armée.

Il peut suspendre la séance au cas où, malgré ses recommandations, des électeurs s'occuperaient de questions autres que celles de l'élection pour laquelle ils sont réunis.

Il prononce, avec le bureau, mais provisoirement, sur toutes les difficultés qui s'élèvent touchant les opérations du collège ou de la section.

Il désigne les assesseurs, suivant l'ordre du tableau, s'ils sont pris parmi les conseillers municipaux, ou les conditions d'âge, s'ils sont pris parmi les électeurs. (*Décret réglementaire du 2 février* 1852, *articles* 10, 11, 14 *et* 16. — *Loi du* 5 *mai* 1855, *article* 31.)

Le maire ouvre la boîte du scrutin et constate, en présence des électeurs, qu'elle ne renferme aucun bulletin ; il la referme avec deux serrures dont les clefs restent, l'une dans ses mains, l'autre dans celles du plus âgé des assesseurs.

Il ordonne ensuite l'appel des électeurs dans l'ordre de la liste. Si tous ne se présentent pas, il fait procéder à un nouvel appel.

Il reçoit le bulletin fermé de l'électeur et, après s'être assuré qu'il n'en contient pas d'autres, il le dépose dans la boîte.

Lorsque l'élection est terminée, il ouvre la boîte du scrutin et il vérifie avec les assesseurs si le nombre des bulletins concorde avec celui des votants.

Il ordonne et surveille le dépouillement des bulletins. Si les votants ont été plus de trois cents, le bureau désigne des scrutateurs parmi les électeurs présents et le maire répartit entre eux les bulletins à dépouiller.

Immédiatement après, il rend public le résultat du scrutin et fait brûler devant les électeurs les bulletins autres que ceux qui doivent être annexés au procès-verbal. (*Décret réglementaire du 2 février* 1852, *articles* 22 *à* 31.)

Enfin, le maire transmet au sous-préfet un exemplaire du procès-verbal.

B) *Règles particulières aux élections municipales.* — Le maire a, quant à ces élections, les mêmes attributions que pour les élections législatives ou départementales. Mais, en outre, il lui appartient de fixer l'heure d'ouverture et de clôture du scrutin, lorsque ces fixations ne résultent pas de l'arrêté préfectoral de convocation. Le scrutin doit durer au moins trois heures. (*Loi du 5 mai* 1855, *article* 39.)

C) *Règles spéciales à l'élection du maire et des adjoints.* — Dans les communes autres que les chefs-lieux de département, d'arrondissement et de canton, le conseil municipal élit le maire et les adjoints parmi ses membres, au scrutin secret et à la majorité absolue. (*Loi du* 12 *août* 1876, *article* 2.)

Si les voix se partagent également au troisième tour, la nomination est acquise au plus âgé. (*Loi du* 12 *août* 1876, *article* 2, § 3.)

Les conseils municipaux doivent être complétés

avant la nomination des maires et adjoints. (*Loi du 14 avril 1871, article 9.*)

La présidence de l'assemblée du conseil municipal réuni pour l'élection du maire et des adjoints est dévolue au plus âgé des membres du conseil. (*Loi du 12 août 1876, article 2.*)

La majorité absolue est nécessaire aux deux premiers tours de scrutin. Si, après deux scrutins, aucun candidat n'a obtenu cette majorité, il est procédé à un scrutin de ballottage entre les deux candidats qui ont obtenu le plus de suffrages. (*Loi du 12 août 1876, article 2.*)

D) *Règles spéciales à l'élection du délégué au collège électoral sénatorial.* — Lorsqu'il y a lieu de procéder aux élections pour le Sénat, le conseil municipal élit un délégué. L'élection se fait sans débat, au scrutin secret, à la majorité absolue des suffrages. Après deux tours de scrutin, la majorité relative suffit, et, en cas d'égalité de suffrages, le plus âgé est élu. Il est procédé le même jour et dans la même forme à l'élection d'un suppléant, qui remplace le délégué en cas de refus ou d'empêchement. Le choix des conseils municipaux ne peut porter ni sur un député, ni sur un conseiller général, ni sur un conseiller d'arrondissement. Il peut porter sur tous les électeurs de la commune, y compris les conseillers municipaux, sans distinction entre eux. (*Loi du 2 août 1875, article 2.*)

Le maire préside la séance du conseil municipal

dans laquelle sont nommés le délégué et son suppléant. — Si le délégué élu n'assiste pas à la séance, il est chargé de lui notifier son élection dans les vingt-quatre heures.

Le procès-verbal de l'élection du délégué est transmis au préfet par les soins du maire, qui en fait afficher une copie à la porte de la mairie. (*Loi du 2 août 1875, articles 4 et 5.*)

Voyez *Conseiller municipal*, *Électeurs municipaux*, *Listes électorales*.

EMPRUNTS. — Le conseil municipal vote et règle (avec le concours des plus imposés, sauf dans les communes qui ont plus de 100,000 fr. de revenus) les emprunts communaux remboursables en cinq ans sur le produit des cinq centimes extraordinaires, ou en douze ans sur les ressources ordinaires. Sa délibération est exécutoire par elle-même aux conditions et dans les délais indiqués au mot *Délibérations*. Si les emprunts excèdent ces limites, le conseil municipal *délibère* (également avec le concours des plus imposés), sauf approbation du préfet, dans certains cas, et du Gouvernement ou de la loi dans d'autres cas. (*Loi du 24 juillet 1867, articles 3, 5, 7.*)

ENFANTS ET FILLES MINEURES EMPLOYÉS DANS L'INDUSTRIE. — Le maire délivre aux enfants des manufactures un livret destiné à assurer l'exécution de la loi sur le travail des enfants. Il doit viser le certificat délivré par l'instituteur ou l'inspecteur primaire constatant que l'enfant a acquis l'instruction primaire élémentaire. (*Loi du* 19 *mai* 1874.)

ENFANTS EN NOURRICE OU EN GARDE. — Le maire a la surveillance des enfants en nourrice ou en garde dans la commune ; il tient les registres contenant les déclarations des nourrices qui prennent des enfants et celles des personnes qui les leur confient. (*Loi du* 23 *décembre* 1874.)

Il préside la commission locale de surveillance, prend les mesures prescrites si la vie ou la santé des enfants en nourrice ou en garde est compromise, informe le préfet et les parents. (*Décret du* 27 *février* 1877.)

ENQUÊTE. — Lorsque des travaux proposés par un conseil municipal exigent la déclaration préalable d'utilité publique , ils doivent être précédés d'une enquête publique faisant connaître le but de l'entreprise, le tracé des travaux, les dispositions principales des ouvrages et l'appréciation sommaire des dépenses. (*Ordonnance du* 23 *août* 1835, *article* 2.)

Le projet est déposé à la mairie pendant 15 jours ; si les déclarations faites par les habitants sur l'utilité des travaux projetés sont contraires à l'adoption du projet, ou si l'avis du commissaire enquêteur désigné par le préfet est opposé, le conseil municipal doit être appelé à examiner les observations produites et il émet son avis par une délibération motivée. (*Idem, article* 4.)

D'autres enquêtes spéciales, dites *de commodo et*

incommodo, doivent précéder certaines mesures administratives, telles que les classements et déclassements de routes et chemins, l'aliénation des biens communaux, la création d'un nouveau cimetière, les changements dans la circonscription des communes, les concessions de mines, l'établissement des usines, ateliers insalubres ou incommodes, etc. Le maire doit veiller à ce que l'enquête soit annoncée par voie d'affiches dans la commune. (*Circulaire ministérielle et Instruction du* 20 *août* 1825.)

ENSEIGNEMENT PRIMAIRE (Dépenses de l'). — Toute commune doit fournir à l'instituteur un local convenable, tant pour son habitation que pour la tenue de l'école, le mobilier de classe et un traitement. (*Loi du* 15 *mars* 1850, *article* 37.)

Les mêmes dépenses sont obligatoires à l'égard des institutrices lorsqu'il existe une école de filles dans les termes de l'article 1ᵉʳ de la loi du 10 avril 1867.

La commune doit fournir un traitement et un logement à l'instituteur adjoint s'il en existe un. (*Loi du* 10 *avril* 1867, *article* 3.)

Elle doit en outre fournir à l'instituteur adjoint et à l'institutrice adjointe dirigeant une école de hameau, un local convenable et pour leur habitation et pour la tenue de l'école, le mobilier de classe et un traitement. (*Loi du* 10 *avril* 1867, *article* 3, § 1ᵉʳ). — Voyez *Maison d'école.*

ÉPIZOOTIES. — Voyez *Animaux malades ou morts.*

ÉTABLISSEMENTS DE BIENFAISANCE. — Le conseil municipal est toujours appelé à donner son avis sur l'acceptation des dons et legs faits aux établissements de charité et de bienfaisance ; les autorisations d'emprunter, d'acquérir, d'échanger, d'aliéner, de plaider et de transiger, demandées par les mêmes établissements ; leurs budgets et leurs comptes. (*Loi du* 18 *juillet* 1837, *article* 21, *n*^{os} 4, 5, 6.)

ÉTAT CIVIL. — Le maire exerce les fonctions d'officier de l'état civil. En cette qualité, il célèbre les mariages, constate les actes de naissance ou de décès, dresse l'acte de reconnaissance des enfants naturels.

Les contraventions et délits qu'il commet dans l'exercice de ses fonctions le rendent justiciable du tribunal correctionnel et l'exposent à une amende. Les crimes (faux, altération, etc.) donnent lieu à des dommages-intérêts, sans préjudice des peines portées au Code pénal. (*Code civil, articles* 34 à 98.)

Le maire est suppléé dans ces fonctions par délégation à ses adjoints, et à leur défaut, aux conseillers municipaux, suivant l'ordre du tableau.

Pour la tenue de l'état civil, le maire ne dépend que de l'autorité judiciaire.

Les frais de registres de l'état civil et des tables décennales sont à la charge des communes. (*Loi du* 18 *juillet* 1837, *article* 30.)

Le maire donne avis au juge de paix du décès des personnes qui laissent pour héritiers des mineurs ou des absents. (*Code de procédure civile, article* 911.)

En cas de décès d'un homme de 20 à 40 ans, le maire en donne immédiatement avis au bureau de recrutement de la subdivision. (*Circulaire du ministre de l'intérieur du* 20 mars 1877.)

Le maire doit à chaque trimestre communiquer aux receveurs de l'enregistrement la liste des décédés de sa commune. Il doit donner avis à qui de droit des décès des pensionnaires de l'État, des étrangers et des membres de la Légion d'honneur.

ÉTRANGERS. — Le maire reçoit la déclaration de l'étranger qui veut établir son domicile en France. (*Code civil, article* 9.)

EXERCICE BUDGÉTAIRE. — L'exercice commence le 1er janvier et finit le 31 décembre de l'année qui lui donne son nom. Néanmoins, il est accordé, pour en compléter les opérations, un délai qui est fixé au 31 mars de l'année suivante. A cette époque, l'exercice est clos définitivement. (*Ordon. royale du* 24 *janvier* 1843; *Instruction générale du* 20 *juin* 1859, *article* 813.)

EXHUMATIONS. — Lorsqu'il y a lieu d'exhumer un corps, soit par suite du changement de cimetière, soit sur la demande des familles, le maire, qui est chargé de donner l'autorisation, doit s'assurer que toutes les mesures sont prises pour que la translation se fasse avec respect et convenance. (*Décret du* 23 *prairial an XII.*)

EXPÉDITION DES ACTES ADMINISTRATIFS — Les expéditions des arrêtés des maires, des délibérations des conseils municipaux et des autres pièces déposées dans les archives municipales sont délivrées par le maire, les premières gratuitement aux intéressés, les secondes et ultérieures à raison d'un droit de 75 centimes par rôle, plus le prix du timbre de grand format. Cette recette fait partie des recettes ordinaires des communes. (*Loi du 7 messidor an II; Loi du 18 juillet 1837, article 31.*)

EXPROPRIATIONS. — Lorsqu'il y a lieu à procéder par voie d'expropriation pour l'exécution d'un travail d'utilité publique, le plan des propriétés particulières dont la cession est nécessaire, indicatif des noms de chaque propriétaire, tels qu'ils sont inscrits sur la matrice des rôles, reste déposé pendant huit jours à la mairie de la commune où les propriétés sont situées, afin que chacun puisse en prendre connaissance. (*Loi du 3 mai 1841, article 5.*)

Le maire certifie les affiches et publications préalables aux expropriations et mentionne sur un procès-verbal les observations et réclamations qu'elles provoquent; il fait partie de la commission réunie pour recevoir les observations des propriétaires. (*Loi du 3 mai 1841, article 7.*)

Il accepte les offres d'indemnité pour l'expropriation de biens appartenant à la commune, lorsqu'il y est autorisé par une délibération du conseil municipal, approuvée par le préfet en conseil de préfecture. (*Idem.*)

Lorsqu'il s'agit d'expropriations demandées par une commune dans un intérêt purement communal, le conseil municipal donne son avis sur les observations faites à l'enquête sur le plan parcellaire des immeubles à exproprier. (*Loi du 3 mai* 1841, *article* 12.)

F

FABRIQUE. — Le maire est de droit membre du conseil de fabrique de chacune des paroisses de sa commune. Il peut se faire remplacer par un adjoint, pourvu que celui-ci soit catholique. (*Décret du 30 décembre* 1809.)

Le compte annuel des dépenses et recettes de la fabrique est dressé en double minute, dont l'une est déposée à la mairie. (*Idem.*) Lorsque la fabrique reçoit des secours sur les fonds communaux, le compte et le budget sont présentés au conseil municipal. (*Idem.*) — Voyez *Cultes, Églises, Dépenses du culte.*

FÊTES ET CÉRÉMONIES PUBLIQUES. — Le maire assure la police des fêtes et cérémonies publiques. (*Loi des 16-24 août* 1790, *titre XI, art.* 3.) Voyez *Procession.*

FEUILLE DE ROUTE. — Le maire vise les feuilles de route des militaires ; dans les communes qui ne sont ni chefs-lieux de département, ni chefs-lieux d'arrondissement, ni places de guerre, il délivre, pour leur tenir lieu de feuilles de route, des sauf-conduits aux militaires isolés.

Le maire vise également la feuille de route du condamné placé sous la surveillance de la haute police, dans les vingt-quatre heures de son arrivée dans la commune où il doit fixer sa résidence. (*Code pénal, article* 44.)

FLAGRANT DÉLIT. — A défaut de commissaire de police, le maire doit se rendre sur le lieu d'un crime ou d'un délit pour opérer les constatations nécessaires ; il doit être accompagné d'un adjoint ou de deux citoyens domiciliés dans la commune, à moins d'impossibilité absolue. (*Code d'instruction criminelle*, article 42.) Le maire informe sans retard le procureur de la République et le juge de paix. Le maire a pleins pouvoirs pour opérer toutes les interrogations et constatations propres à faire parvenir à la découverte de la vérité ; il requiert le médecin chargé d'examiner les plaies et blessures, les experts dont l'intervention serait nécessaire, saisit les papiers qui sont en la possession du prévenu et dresse procès-verbal du tout. (*Code d'instruction criminelle*, *articles* 35 à 43.)

FLÉAUX CALAMITEUX. — Voyez *Accidents*.

FLOTTAGE. — Le maire avertit dix jours à l'avance, par affiches, les propriétaires riverains d'une rivière flottable, que les marchands de bois feront jeter leurs bois à bûches perdues sur la rivière. (*Ordonnance de* 1672, *titre XVII, article* 6.)

FOINS, PAILLE ET FOURRAGES. — Le maire a le droit d'inspecter ou de faire inspecter les bottes de paille et de foin apportées dans les marchés, de dresser procès-verbal des contraventions au poids et à la qualité des fourrages, et au besoin de les mettre en séquestre. (*Loi du* 7 *vendémiaire an VII.*)

FOIRES ET MARCHÉS AUX BESTIAUX. — Les conseils

municipaux donnent leur avis, dans un rayon de deux myriamètres, sur les projets d'établissement ou de translation des foires et marchés. (*Circulaire ministérielle et Instruction du* 22 *septembre* 1838 ; *Décret du* 13 *août* 1864.) Le conseil d'arrondissement est aussi consulté. Le conseil général statue définitivement. (*Lois du* 10 *mai* 1838, *article* 41, *n*° 3, *et du* 10 *avril* 1871, *article* 46, *n*° 24.) — Voyez *Halles et Marchés* et *Marchés d'approvisionnement.*

FOSSES D'AISANCE. — La construction et la vidange des fosses d'aisance intéressant la santé publique, le maire a le droit de déterminer toutes les mesures de commodité et de salubrité qu'il juge convenable de prendre en vertu de ses pouvoirs de police. (*Loi des* 16-24 *août* 1790.)

FOURNITURES ET TRAVAUX (Marchés de). — Voyez *Travaux communaux.*

FOURRIÈRE. — Le maire désigne un lieu de dépôt pour les animaux saisis en délit ou trouvés sur la voie publique, ainsi que pour les voitures et autres objets saisis ou trouvés avec les animaux. Ces animaux et objets doivent être transportés dans ce lieu de dépôt, nommé *fourrière,* dans un délai de 24 heures. Il est satisfait aux dégâts par la vente des bestiaux s'ils ne sont pas réclamés ou si le dommage n'a point été payé dans la huitaine du jour du délit. (*Loi des* 28 *septembre-*6 *octobre* 1791, *titre II, article* 12.) La durée de la fourrière ne peut excéder 8 jours pour les animaux et objets périssables (*Décret* du **18** *juin* 1811, *article* 39), et 5 jours pour les bestiaux saisis en délit dans les forêts. (*Code forestier, article* 169.)

FOURS ET CHEMINÉES. — Le maire doit faire au moins une fois par an la visite des fours et cheminées des maisons et bâtiments placés à proximité d'autres habitations, et il en ordonne la réparation, s'il y a lieu. (*Loi des* 28 *septembre-6 octobre* 1791, *titre II, article* 9.)

FUMIERS. — Les maires peuvent interdire par un arrêté les dépôts de fumiers sur la voie publique ou à une certaine distance des habitations, en vertu de la mission qui leur est donnée par la loi de veiller à la salubrité. (*Loi des* 16-24 *août* 1790.)

G

GARDE CHAMPÊTRE. — Le garde champêtre est nommé par le préfet, sur la présentation du maire. (*Décret du 25 mars 1852, article 5, n° 21.*) Le maire peut suspendre le garde champêtre, mais le préfet seul peut le révoquer. (*Loi du 18 juillet 1837, article 13.*) Le maire, à défaut du juge de paix ou de son suppléant, reçoit l'affirmation des procès-verbaux dressés par les gardes champêtres, laquelle doit être effectuée dans les vingt-quatre heures. (*Lois des 23 thermidor an IV et 28 floréal an VIII, article 11.*)

GARDE FORESTIER COMMUNAL. — Indépendamment des gardes forestiers chargés de veiller à la conservation des forêts de l'État, les gardes forestiers communaux ont pour mission de conserver les bois appartenant aux communes. (*Code forestier, article 94.*) Ces gardes sont nommés par le préfet ; le conseil municipal donne son avis sur leur salaire, qui est à la charge de la commune et qui est également fixé par le préfet. (*Idem, article 98.*) Le préfet ne peut les destituer sans avoir pris l'avis du conseil municipal. (*Ibid.*)

GLACES ET NEIGES. — Le maire doit prendre les mesures nécessaires pour l'enlèvement des glaces et neiges. (*Loi des 16-24 août 1790, titre XI, article 3, n° 1.*)

GLANAGE, GRAPPILLAGE, RATELAGE. — Le maire peut réglementer le glanage, le grappillage et le râtelage, déterminer la catégorie des habitants nécessiteux qui pourront y participer, prescrire que le glanage, le grappillage et le râtelage n'auront lieu que dans les champs non clos (*Loi des 28 septembre-6 octobre* 1791, *titre II, article* 21), et qu'au moment où ils sont autorisés par la loi. (*Code pénal, article* 471, *n°* 10.)

GRAINS. — Le maire doit assurer la libre circulation des grains. (*Loi du* 21 *prairial an V, article* 3.)

Il peut prendre des arrêtés pour interdire d'allumer des feux à moins de 100 mètres des tas de grains établis dans les champs. (*Code pénal, article* 458.)

GRAPPILLAGE. — Voyez *Glanage*.

GRATUITÉ DE L'INSTRUCTION PRIMAIRE. — Le conseil municipal approuve la liste des enfants qui doivent être admis gratuitement dans les écoles, après que cette liste a été dressée par le maire de concert avec les ministres des cultes ; elle est ensuite arrêtée par le préfet. (*Décret du* 7 *octobre* 1850, *article* 10.)

Quant aux ressources nécessaires pour assurer la gratuité complète, voyez *Centimes additionnels,* n° 7.

H

HAIES. — Le maire prescrit l'élagage des haies bordant la voie publique. (*Loi des* 16-24 *août* 1790, *titre II, article* 8.)

HALLES ET MARCHÉS. — Le maire assure la police des halles, foires et marchés. (*Loi des* 16-24 *août* 1790, *titre XI, article* 3.) Le conseil municipal règle par ses délibérations le tarif des droits de place à percevoir dans les halles, foires et marchés. (*Loi du* 24 *juillet* 1867, *article* 1er, *n*° 4.)

HERBORISTE. — Le maire enregistre le certificat d'aptitude délivré aux herboristes par l'école où ils ont été examinés, sans lequel ils ne peuvent exercer la profession. (*Loi du* 21 *germinal an XI, article* 37 ; *Décret du* 22 *août* 1854, *article* 17.)

HOPITAUX ET HOSPICES. — Le conseil municipal donne son avis sur les délibérations des commissions administratives des hospices qui concernent les budgets et comptes de ces établissements, les acquisitions, échanges et aliénations de propriétés, leur affectation au service, et, en général, tout ce qui intéresse leur conservation ou leur amélioration, les projets de travaux pour constructions, grosses réparations et démolitions dont la valeur excède 3,000 fr. ; les conditions et adjudications de travaux et marchés dont la durée excède une année, les actions judiciaires et transactions, les placements de fonds et emprunts, les acceptations de dons et legs. (*Lois du 18 juillet 1837 et du 7 août 1851.*)

Les hôpitaux et hospices sont administrés par des commissions composées du maire, président, et de six membres renouvelables, savoir : deux élus par le conseil municipal et quatre nommés par le préfet ou par le ministre de l'intérieur en cas de renouvellement total. (*Loi du 5 août 1879, articles* 1er *et* 5.)

HOTELS, AUBERGES ET CAFÉS. — Le maire assure la police des hôtels, auberges et cafés. (*Loi des* 16-24 *août* 1790, *titre XI, article* 3.)

HYPOTHÈQUES. — Le conseil municipal autorise le maire à donner mainlevée des hypothèques inscrites au profit de la commune ; il peut le dispenser de remplir les formalités de purge pour les acquisitions d'immeubles dont le prix n'excède pas 500 fr., faites par voie d'expropriation ou à l'amiable. (*Ordonnance du 18 avril 1842 et Décret du 14 juillet 1866.*)

I

IMMONDICES. — Le maire prend des arrêtés pour empêcher les dépôts d'immondices. (*Loi des 16-24 août* 1790.)

IMPOSÉS (Plus). — Voyez *Adjonction des plus imposés.*

IMPOSITIONS COMMUNALES. — Voyez *Centimes additionnels.*

IMPOTS. — Le conseil municipal réclame, s'il y a lieu, contre le contingent assigné à la commune dans l'établissement des impôts de répartition (*Loi du* 18 *juillet* 1837, *article* 22), contre l'application du tarif des patentes (*Loi du* 4 *août* 1844, *article* 4), contre le classement de la commune, soit pour la perception du droit d'entrée (*Loi du* 28 *avril* 1816, *article* 22), soit pour l'application des impôts sur les chevaux et voitures et sur les billards. — Voyez *Contributions directes* et *Contributions indirectes.*

INCENDIE, INONDATION. — En cas d'incendie ou d'inondation, le maire prend les mesures nécessaires et peut requérir les citoyens. (*Loi des* 16-24 *août* 1790, *titre XI, article* 3, 5°.)

INCENDIES (Précautions contre les). — Le maire doit, en vertu de ses pouvoirs de police, prendre des mesures générales de prudence et de préservation contre les incendies ; il peut notamment subordonner l'établissement de dépôts de matières combustibles à une autorisation spéciale qui ne sera délivrée qu'après visite et examen des lieux, prescrire le ramonage périodique et la mise en bon état des fours et cheminées [voyez ces mots] (*Loi des 28 septembre-6 octobre* 1791, *titre II, article* 9), rappeler les dispositions légales qui interdisent d'allumer des feux à moins de 100 mètres des meules et tas de grains (*Code pénal, article* 458), et d'établir des meules ou dépôts inflammables à moins de 20 mètres d'un chemin de fer. (*Loi du* 15 *juillet* 1845, *article* 7.)

INDEMNITÉ DE LOGEMENT AUX MINISTRES DES CULTES. — Le conseil municipal doit allouer une indemnité de logement aux ministres des cultes lorsqu'il n'y a pas de presbytère, si la fabrique n'a pas de ressources suffisantes. (*Loi du* 18 *juillet* 1837, *article* 30, n° 13, *et Décret du* 30 *décembre* 1809.)

INDIGENTS. — Le maire délivre des certificats constatant l'indigence soit pour l'admission à l'assistance judiciaire, soit pour le dégrèvement des impôts, soit pour l'entrée dans les hôpitaux, soit pour le service *gratuit des décédés.* (*Décret du* 18 *mai* 1806, *article* 4.)

INHUMATIONS. — Le maire donne le permis d'inhumer; il ne doit le délivrer qu'après avoir constaté le décès et lorsqu'il s'est écoulé 24 heures depuis la déclaration. (*Code civil, article* 77.)

Le mode de transport des corps à inhumer est réglé par les préfets et les conseils municipaux. Le transport des indigents est fait gratuitement. (*Décret du* 18 *mai* 1806, *article* 9.)

Tout autre transport est assujetti à une taxe fixe.

Les conseils municipaux délibèrent sur le tarif des transports et sur la taxe des inhumations ; leur délibération est soumise à l'approbation du préfet. (*Idem, articles* 10 *et* 11, *et Décret du* 25 *mars* 1852.)

Les fournitures ainsi que les cérémonies intérieures de l'église sont faites par les fabriques et à leur profit ; le cahier des charges est proposé par le conseil municipal et arrêté par le préfet. (*Idem, articles* 14 *et* 15.)

Les inhumations faites dans le cimetière de la commune ont lieu dans des fosses séparées de 1^m,50 à 2 mètres de profondeur, sur 80 centimètres de largeur. (*Décret du* 23 *prairial an XII, article* 4.)

L'ouverture des fosses pour de nouvelles sépultures ne peut avoir lieu que de cinq années en cinq années ; en conséquence, les terrains destinés à former les lieux de sépulture doivent être cinq fois plus étendus que l'espace nécessaire pour y déposer le nombre présumé des morts qui peuvent être enterrés chaque année. (*Idem, article* 6.)

INONDATIONS. — Le maire est chargé de prévenir ou faire cesser les inondations par des mesures convenables. (*Loi des* 16-24 *août* 1790.)

Le conseil municipal est appelé à émettre un avis motivé sur l'utilité et la convenance des travaux projetés en vue de défendre le territoire de la commune contre les inondations, ainsi que sur la part contributive de la commune dans la dépense de ces travaux. (*Décret du* 15 *août* 1858.)

INSCRIPTION FUNÉRAIRE. — Aucune inscription ne peut être placée sur les pierres tumulaires ou monuments funèbres, sans avoir été préalablement soumise à l'approbation du maire. (*Ordonnance du 6 décembre 1843.*)

INSCRIPTION MARITIME. — Le maire doit assister au besoin les officiers d'administration de la marine préposés à l'inscription maritime dans les opérations de la levée des gens de mer et ouvriers requis pour le service des vaisseaux, des ports et des arsenaux. (*Arrêté du Gouvernement du 24 fructidor an IV, article 1ᵉʳ.*)

INSECTES NUISIBLES. — Le maire prescrit et fait appliquer les mesures de destruction des chenilles, hannetons et insectes nuisibles. (*Loi des 28 septembre-6 octobre 1791, titre I, section IV, article 20.*) Il peut prendre un arrêté pour rappeler aux habitants l'obligation d'écheniller tous les ans, avant le 21 février, les arbres existants sur leurs héritages ; en cas de négligence, il y procède aux frais des propriétaires, sans préjudice des poursuites en contravention contre ceux-ci. (*Loi du 26 ventôse an IV.*)

INSTITUTEUR ET INSTITUTRICE. — Le conseil municipal peut en tout temps donner son avis sur le choix de l'instituteur, qui est nommé par le préfet. (*Loi du 15 mars 1850, article 31 ; Décret du 9 mars 1852, article 4 ; Loi du 14 juin 1854, article 8, et Circulaire ministérielle du 20 décembre 1879.*) Le maire, en cas d'urgence, peut le suspendre provisoirement, sauf à en rendre compte immédiatement à l'inspecteur primaire et au préfet. (*Loi du* 15 *mars* 1850, *article* 33.)

Le conseil municipal délibère chaque année, dans la session de février, sur le taux de la rétribution scolaire, sur le traitement de l'instituteur et de l'institutrice et sur les contributions qui doivent être votées, à défaut de revenus ordinaires suffisants pour parfaire le traitement fixé par les lois. (*Loi du* 15 *mars* 1850, *et Décret du* 20 *octobre* 1850.)

Dans les communes où la gratuité est établie, le traitement des instituteurs et des institutrices publics se compose :

1° D'un traitement fixe de deux cents francs ;

2° D'un traitement éventuel calculé à raison du nombre d'élèves présents, d'après un taux de rétribution déterminé, chaque année, par le préfet, sur l'avis du conseil municipal et du conseil départemental ;

3° D'un supplément accordé à tous les instituteurs et institutrices dont le traitement fixe, joint au produit de l'éventuel, n'atteint pas les *minima* déterminés par la loi.

Dans les autres communes, le traitement des instituteurs et des institutrices publics se compose :

1° D'un traitement fixe de deux cents francs ;

2° Du produit de la rétribution scolaire ;

3° D'un traitement éventuel calculé à raison du nombre d'élèves gratuits présents à l'école, d'après

un taux déterminé, chaque année, par le préfet, sur l'avis du conseil municipal et du conseil départemental ;

4° D'un supplément accordé à tous les instituteurs et institutrices dont le traitement fixe, joint au produit de la rétribution scolaire et du traitement éventuel, n'atteint.pas les *minima* déterminés par la loi. (*Loi du* 10 *avril* 1867, *articles* 9 *et* 10.)

Les traitements *minima* des instituteurs et institutrices publics sont fixés de la manière suivante :

Instituteurs titulaires divisés en quatre classes :

4ᵉ classe............................	900 fr.
3ᵉ classe............................	1,000
2ᵉ classe............................	1,100
1ʳᵉ classe............................	1,200

Institutrices titulaires divisées en trois classes :

3ᵉ classe............................	700 fr.
2ᵉ classe............................	800
1ʳᵉ classe............................	900
Instituteurs adjoints chargés d'une école de hameau (classe unique)	800
Instituteurs adjoints attachés à l'école principale (classe unique)...........	700
Institutrices adjointes chargées d'une école de hameau (classe unique)......	650
Institutrices adjointes attachées à l'école principale (classe unique)...........	600

(*Loi du* 19 *juillet* 1875, *article* 1ᵉʳ.)

J

JEUX PUBLICS. — Le maire assure la police des jeux publics. (*Loi des* 16-24 *août* 1790, *titre XI, article* 3.) Il doit interdire les jeux de hasard. (*Code pénal, article* 475.)

JURY CRIMINEL. — Chaque année, du 1er au 15 août, une liste préparatoire du jury criminel, comprenant un nombre de noms double de celui fixé pour le contingent du canton, est dressée au chef-lieu de chaque canton par une commission dont font partie le juge de paix, ses suppléants et les maires des communes du canton. S'il s'agit de cantons composés d'une seule commune ou de villes divisées en plusieurs cantons, la commission comprend, de plus, deux membres du conseil municipal désignés par le conseil. (*Loi du* 21 *novembre* 1872.)

JUSTICE DE PAIX. — Les frais de loyer et d'entretien des prétoires des justices de paix, ainsi que les frais d'achat et d'entretien du mobilier sont à la charge des communes chefs-lieux de canton. (*Loi du* 18 *juillet* 1837, *article* 30, *n*° 10.)

L

LAVOIRS PUBLICS. — Voyez *Bains et lavoirs publics.*

LEGS. — Voyez *Dons et legs.*

LISTES ÉLECTORALES. — Le maire est président des commissions instituées en vertu des articles 1, 2, 3 et 4 de la loi du 7 juillet 1874 et qui sont chargées de procéder à la révision annuelle de la liste électorale municipale, ainsi que de la liste complémentaire comprenant les noms de ceux qui jouissent seulement de la qualité d'électeurs politiques. (*Loi du 30 novembre 1875, article 1er.*)

Sont électeurs politiques les citoyens âgés de 21 ans, jouissant de leurs droits civils et politiques et habitant la commune depuis plus de six mois. (*Décret du 2 février 1852.*)

Le 15 janvier, le maire fait déposer au secrétariat de la commune les listes préparatoires dressées par la première commission ; il fait donner avis de ce dépôt, par voie d'affiches, aux lieux accoutumés ; dresse procès-verbal de ce dépôt et l'envoie le même jour au préfet, avec une copie des listes. (*Décret réglementaire du 2 février 1852, articles 2, 3 et 5.*)

Dans les derniers jours qui précèdent cette publication, le maire ouvre un registre (ou autant de registres que la commune a de cantons ou de sections) destiné à recevoir les réclamations qui peuvent être présentées à fin d'inscriptions ou de radiations de noms d'électeurs.

Il fait porter ces réclamations sur les registres, par ordre de date, et délivrer des récépissés aux réclamants. (*Décret organique du 2 février* 1852, *article* 19.)

Le maire avertit l'électeur dont l'inscription est contestée et lui fait connaître sommairement les motifs de la contestation ; il prévient de même l'électeur dont le nom a été rayé d'office par la commission. (*Décret organique du 2 février* 1852, *et Loi du 7 juillet* 1874, *article* 4.)

Le maire fait notifier les décisions de la commission chargée de juger les réclamations dans les trois jours de leur date. (*Décret organique du 2 février* 1852, *article* 21.)

Une fois les listes closes, le maire les fait déposer au secrétariat de la commune, pour être communiquées à tout requérant, et en envoie sans délai une copie au préfet. (*Décret réglementaire du 2 février* 1852, *article* 7.)

Dans les villes ou communes divisées en sections électorales, les listes des diverses sections, telles qu'elles ont été arrêtées par les commissions, sont réunies, par les soins du maire, en une seule liste alphabétique pour toute la commune. (*Loi du 7 juillet* 1874, *article* 1er.)

LIVRETS D'OUVRIERS. — Les livrets d'ouvriers sont

délivrés par les maires, sauf dans les communes du ressort de la préfecture de police de Paris, dans celles dont la police est confiée au préfet du Rhône et dans celles qui, étant chefs-lieux de département, ont plus de 40,000 habitants. Il n'est perçu, pour la délivrance des livrets, que le prix de confection, lequel ne peut dépasser 25 centimes. (*Loi du 22 juin* 1854).

LOGEMENTS INSALUBRES. — Le conseil municipal peut décider qu'il y a lieu de nommer une commission chargée de rechercher et d'indiquer les mesures indispensables à l'assainissement des logements insalubres mis en location ou occupés par d'autres que le propriétaire, l'usufruitier ou l'usager ; il nomme cette commission, dont le maire est président. Les rapports de la commission sont soumis au conseil municipal, qui détermine les travaux d'assainissement à exécuter et les habitations non susceptibles d'assainissement.

Les amendes prononcées en raison des lois sur les logements insalubres reviennent au bureau de bienfaisance de la commune. (*Loi du 13 avril* 1850.)

LOGEMENTS ET CANTONNEMENTS MILITAIRES. — Le maire fait le recensement des logements, établissements et écuries que les habitants peuvent fournir pour le logement ou le cantonnement des troupes ; ce recensement est communiqué à l'autorité militaire. (*Loi du 3 juillet* 1877, *article* 10.)

Il dresse, avec le concours du conseil municipal, **un état indicatif des ressources de chaque maison** d'après le nombre fixé, après révision contradictoire, par l'autorité militaire. (*Décret du 2 août 1877, articles 24 et suivants.*)

Lorsque l'autorité militaire a décidé que les troupes seront logées ou cantonnées chez l'habitant, le maire, aussitôt qu'il est informé de cette décision, délivre, sur la présentation des ordres de route, les billets de logement, en observant de réunir, autant que possible, dans le même quartier, les hommes et les chevaux appartenant aux mêmes unités constituées, afin d'en faciliter le rassemblement. (*Loi du 3 juillet 1877, article 11.*)

Il veille à ce que la charge du logement ou du cantonnement soit répartie avec équité sur tous les habitants. (*Loi du 3 juillet 1877, article 13.*)

LOIS ET RÈGLEMENTS. — Le maire est chargé, sous l'autorité de l'administration supérieure, de la publication et de l'exécution des lois et règlements. (*Loi du 18 juillet 1837, article 9, 1°.*)

LOTERIES. — Le maire émet son avis sur les demandes d'autorisation de loteries, qui sont adressées au préfet; il surveille le tirage. (*Ordonnance du 29 mai 1844, articles 1 et 2.*)

M

MACHINES ET CHAUDIÈRES A VAPEUR. — Les maires
ont qualité pour surveiller les établissements pourvus de machines ou de chaudières à vapeur. (*Ordonnance du 22 mai 1843, article 66.*) Ils dressent procès-verbal et transmettent leur rapport au préfet en
cas d'accident. (*Idem, article 75.*)

MAINMORTE. — Cette taxe est imposée sur les propriétés communales productives de revenus à titre
de représentation des droits de transmission entre
vifs et par décès ; elle est calculée à raison de
62 centimes et demi par franc de la contribution
foncière. (*Loi du 20 février 1849, article 1er.*)

MAIRES. — Les maires sont pris dans le conseil
municipal ; ils sont élus par le conseil au scrutin
secret et à la majorité absolue, sauf dans les chefs-
lieux de canton, d'arrondissement ou de département, où ils sont nommés par décret du Président
de la République. (*Loi du 12 août 1876.*)

Le maire est agent du Gouvernement pour l'exécution des lois, officier municipal pour procéder à
l'administration de la commune et la représenter,
officier de l'état civil pour la tenue des actes et officier de police judiciaire dans certains cas. Il peut

de plus remplir, au chef-lieu de canton, les fonctions de ministère public près le tribunal de simple police.

Le maire préside le conseil municipal et a voix prépondérante en cas de partage. (*Loi du 5 mai* 1855, *article* 19.)

Il est chargé, sous l'autorité de l'administration supérieure :

1° De la publication et de l'exécution des lois et règlements ;

2° Des fonctions spéciales qui lui sont attribuées par les lois ;

3° De l'exécution des mesures de sûreté générale. (*Loi du* 18 *juillet* 1837, *article* 9.)

Le maire est chargé, sous la surveillance de l'administration supérieure :

1° De la police municipale, de la police rurale et de la voirie municipale, et de pourvoir à l'exécution des actes de l'autorité supérieure qui y sont relatifs ;

2° De la conservation et de l'administration des propriétés de la commune, et de faire en conséquence tous actes conservatoires de ses droits ;

3° De la gestion des revenus, de la surveillance des établissements communaux et de la comptabilité communale ;

4° De la proposition du budget et de l'ordonnancement des dépenses ;

5° De la direction des travaux communaux ;

6° De souscrire les marchés, de passer les baux des biens et les adjudications des travaux communaux, dans les formes établies par les lois et règlements ;

7° De souscrire, dans les mêmes formes, les actes de vente, échange, partage, acceptation de dons ou legs, acquisition, transaction, lorsque ces actes ont été autorisés conformément à la loi ;

8° De représenter la commune en justice, soit en demandant, soit en défendant. (*Idem, article* 10.)

Le maire est chargé seul de l'administration ; mais *il peut déléguer une partie de ses fonctions à un ou plusieurs de ses adjoints*, et, en l'absence des adjoints, à ceux des conseillers municipaux qui sont appelés à en faire les fonctions. (*Idem, article* 14.)

Dans le cas où le maire refuserait ou négligerait de faire un des actes qui lui sont prescrits par la loi, le préfet, après l'en avoir requis, pourra y procéder d'office par lui-même ou par un délégué spécial. (*Idem, article* 15.)

MAISON D'ÉCOLE. — La dépense de construction d'une maison d'école et de son appropriation au service scolaire est obligatoire lorsqu'elle a été décidée par l'autorité compétente. (*Loi du 1er juin* 1878, *article* 14.)

Une caisse spéciale est autorisée à avancer aux communes qui en font la demande les sommes nécessaires pour améliorer ou construire leurs bâtiments scolaires ou pour acquérir le mobilier de classe.

Cette opération, qui est soumise aux formalités établies pour les autres emprunts, doit avoir été au préalable autorisée par le ministre de l'instruction publique, auquel sont soumis les plans et devis des constructions projetées. (*Loi du* 1ᵉʳ *juin* 1878 ; *Décret du* 10 *août* 1878.)

Des subventions de l'État peuvent également être accordées aux municipalités pour réaliser leurs projets scolaires, mais seulement dans le cas où, après avoir consenti les sacrifices que comporte leur situation financière, elles ne se trouveraient pas en mesure de couvrir la totalité de la dépense. (*Loi du* 1ᵉʳ *juin* 1878, *article* 3.)

Ces subventions fournies par la caisse et indépendantes de celle que vote le conseil général en émettant son avis sur la demande de la commune, doivent être employées dans le délai de deux ans. (*Idem, articles* 2 *et* 5.)

MANDATS. — Le maire peut seul délivrer des mandats. S'il refusait d'ordonnancer une dépense régulièrement autorisée et liquide, il serait prononcé par le préfet en conseil de préfecture. L'arrêté du préfet tiendrait lieu du mandat du maire. (*Loi du* 18 *juillet* 1837, *article* 61.)

MARAIS ET TERRES INCULTES. — Lorsque le préfet estime qu'il y a lieu de faire dessécher, assainir ou mettre en culture des marais ou terres incultes appartenant à une commune, il met en demeure le conseil municipal de cette commune de délibérer :

1° sur la partie des biens à laisser à l'état de jouissance commune ; 2° sur le mode de mise en valeur du surplus ; 3° sur la question de savoir si la commune entend pourvoir par elle-même à cette mise en valeur. Si, dans le délai d'un mois, le conseil municipal ou, lorsqu'il s'agit de biens de sections, la commission syndicale formée par le préfet, n'a pas déclaré prendre la dépense à sa charge, les travaux sont faits par l'État qui récupère ses avances au moyen de la vente partielle des terrains améliorés. La commune peut s'exonérer de toute dépense en abandonnant à l'État la moitié des terrains mis en valeur. (*Loi du* 28 *juillet* 1860, *et Décret du* 6 *février* 1861.)

MARCHAND FORAIN. — Le maire peut prendre un arrêté de police pour régler l'occupation de la voie publique par les marchands forains ; il peut exiger d'eux toutes justifications nécessaires, telles que patente, passeport, etc. (*Loi des* 16-24 *août* 1790), et, notamment pour ceux qui vendent des ouvrages d'or et d'argent, les bordereaux des orfèvres qui les leur ont fournis et la preuve que ces ouvrages sont régulièrement poinçonnés. (*Loi du* 19 *brumaire an IV, articles* 92 *et* 93.)

MARCHÉS A BESTIAUX. — Les conseils municipaux donnent leur avis, dans un rayon de 20 kilomètres environ, lorsqu'il est question d'établir un marché à bestiaux dans une commune. Cet avis est transmis au conseil d'arrondissement, et il est définitivement statué par le conseil général du département auquel appartient la commune intéressée. (*Loi du* 10 *mai* 1838, *article* 41, *n° 3, et du* 10 *août* 1871, *article* 46, *n° 24.*)

MARCHÉS D'APPROVISIONNEMENT. — Le maire assure le bon ordre et la police des marchés. (*Loi des* 16-24 *août* 1790, *titre XI, article* 3.)

Le conseil municipal délibère sur l'établissement des marchés d'approvisionnement local dans la commune. (*Loi du* 24 *juillet* 1867, *article* 11.)

MARCHÉS DE FOURNITURES ET DE TRAVAUX. — Le maire est chargé de souscrire les marchés pour le compte de la commune. (*Loi du* 18 *juillet* 1837, *article* 10, *n° 6.*)

Ces marchés doivent être le résultat d'une adjudication publique, sauf les exceptions ci-après. Il peut être traité de gré à gré : 1° pour les objets dont la fabrication est exclusivement attribuée à des porteurs de brevets d'invention ou d'importation ; — 2° pour les objets qui n'auraient qu'un possesseur unique ; — 3° pour les ouvrages et les objets d'art et de précision dont l'exécution ne peut être confiée qu'à des artistes éprouvés ; — 4° pour les exploitations, fabrications et fournitures qui ne seraient faites qu'à titre d'essai ; — 5° pour les matières et denrées qui, à raison de leur nature particulière et de la spécialité de l'emploi auquel elles sont destinées, doivent être achetées et choisies aux lieux de production ou livrées sans intermédiaires par les producteurs eux-mêmes ; — 6° pour les fournitures ou travaux qui n'auraient été l'objet d'aucune offre aux adjudications, et à l'égard desquels il n'aurait été proposé que des prix inacceptables ; — 7° pour les fournitures et travaux qui, dans les cas d'urgence absolue et dûment constatée, amenés par des circonstances imprévues, ne pourraient pas subir les délais des adjudications. (*Ordonnance royale du* 14 *novembre* 1837, *article* 2.)

MÉDECINS ET CHIRURGIENS. — Le maire doit s'assurer que l'art de guérir n'est exercé dans sa commune que par les médecins, chirurgiens et officiers de santé figurant sur la liste officiellement publiée tous les ans par le préfet. (*Loi du* 19 *ventôse an XI, article* 24.)

MERCURIALES. — Le maire dresse les mercuriales d'après les déclarations des marchands et de leurs facteurs ; il les transmet le 15 et le 30 de chaque mois au sous-préfet. (*Loi des* 10-12 *juillet* 1791, *article* 30 ; *Circulaire ministérielle du* 1er *floréal an VIII.*)

MEULES. — Le maire peut prendre un arrêté pour interdire d'allumer des feux à moins de 100 mètres des meules de paille ou de foin (*Code pénal, article* 458) et pour interdire d'établir des meules à moins de 20 mètres d'un chemin de fer desservi par des machines à feu. (*Loi du* 15 *juillet* 1845.)

MINES. — Le maire fait afficher les demandes de concessions de mines qui lui sont transmises par le préfet ; il les fait publier devant la porte de la mairie et des églises paroissiales le dimanche, une fois par mois, pendant les quatre mois que dure l'affichage. (*Loi du* 21 *avril* 1810, *article* 24.) En cas d'accident survenu dans l'exploitation ou de danger pressant, le maire prend, conjointement avec l'ingénieur, toutes les précautions et mesures nécessaires. (*Décret du* 3 *janvier* 1813, *article* 14.) Le maire tient registre des livrets délivrés aux ouvriers mineurs ; il peut vérifier l'exactitude du contrôle journalier des ouvriers employés dans la mine, et il veille à ce qu'on n'y laisse travailler aucun enfant de moins de 12 ans. (*Idem, articles* 26 *à* 29, *et Loi du* 19 *mai* 1874, *article* 7.)

MINISTÈRE PUBLIC. — Voyez *Police* (*Simple*).

MOBILISATION. — Le maire reçoit et fait immédiatement placarder ou distribuer les affiches de mobilisation et les ordres d'appel individuels.

Il fait remplir sur ces documents tout ce qui pourrait n'y avoir pas été imprimé d'avance, notamment la date du premier jour de la mobilisation.

Il s'assure que tous les hommes rappelés par l'ordre de mobilisation rejoignent leur poste dans les délais fixés.

Il ne doit pas hésiter à désigner les retardataires à la gendarmerie. (*Lois des* 24 *juillet* 1873 *et* 19 *mars* 1875.)

Le maire doit, aussitôt que l'ordre de mobilisation lui est notifié, en prévenir sans délai les propriétaires de chevaux et mulets portés sur la liste du classement annuel, les propriétaires d'animaux introduits dans la commune depuis le dernier classement et les propriétaires de voitures. Il fait connaître en même temps le jour, l'heure et le lieu auxquels les animaux et les voitures doivent être présentés aux commissions de réception.

Il assiste au tirage au sort des animaux sur lesquels doit s'exercer la réquisition et veille à ce qu'ils soient rendus, au jour et à l'heure indiqués, au chef-lieu de la circonscription de réquisition. (*Loi du 3 juillet* 1877, *article* 45.) •

MONT-DE-PIÉTÉ. — Les monts-de-piété ou maisons de prêts sur nantissement sont institués comme établissements d'utilité publique et avec l'assentiment des conseils municipaux, par des décrets du Président de la République, selon les formes prescrites pour ces établissements. (*Loi du* 24 *juin* 1851, *article* 1er.)

Le maire préside la commission administrative du mont-de-piété, qui est nommée par le préfet. Ses membres sont choisis, savoir : un tiers parmi les conseillers municipaux, un tiers parmi les administrateurs des établissements de bienfaisance et un tiers parmi les autres citoyens domiciliés dans la commune. (*Idem, article* 2.)

Les bénéfices des monts-de-piété doivent être attribués aux établissements de bienfaisance, sur l'avis du conseil municipal, mais seulement lorsque les prêts se font au taux de l'intérêt légal, qui doit d'abord être atteint. (*Idem, article* 5.)

MORT ACCIDENTELLE. — En cas de mort accidentelle par suicide ou autrement, le maire dresse un procès-verbal détaillé, entend les témoins, requiert les médecins pour examiner le cadavre et en faire au besoin l'autopsie. Son procès-verbal avec le rapport des médecins sont adressés immédiatement au procureur de la République qui, en cas de crime présumé, a seul droit d'autoriser l'inhumation. (*Code civil, article* 81 ; *Code d'instruction criminelle, article* 44.)

MUTATIONS. — Le maire et les répartiteurs doivent prêter leur concours au travail des mutations effectué tous les ans dans la commune par le contrôleur des contributions directes, assisté du percepteur, et qui a pour objet de mettre sous le nom du nouveau propriétaire, la cote qui était pour celui de l'ancien. (*Instruction ministérielle du* 18 *décembre* 1873.)

N

NAUFRAGE. — Le maire est tenu, au premier avertissement de quelque échouement, bris ou naufrage, de se rendre sur les lieux pour procurer les secours nécessaires ; il donne les ordres, à défaut du juge de paix, qui doit être averti le premier, et dresse procès-verbal. (*Décret des 9-13 août 1791.*)

NOURRICES. — Le maire délivre un certificat de bonne vie et mœurs et de santé aux nourrices qui vont prendre des enfants dans les hospices. (*Circulaire ministérielle et Instruction du 13 août 1841*).

Il délivre également à toute personne voulant se placer comme nourrice sur lieu, un certificat indiquant, si son dernier enfant est vivant, qu'il est âgé de sept mois révolus ; surveille et visite les nourrices qui ont chez elles des enfants moyennant salaire. (*Loi du 23 décembre 1874, articles 6 et 8.*)

NOYÉ. — Voyez *Mort accidentelle.*

O

OCTROI. — Le conseil municipal délibère sur l'établissement des taxes d'octroi, les modifications aux règlements et aux périmètres existants, l'assujettissement à la taxe d'objets non encore imposés dans le tarif local ; l'établissement et le renouvellement d'une taxe sur des objets non compris au tarif général ou excédant le maximun fixé par ledit tarif ; la prorogation des taxes additionnelles existantes ; l'augmentation des taxes principales au delà d'un décime dans les limites du maximum et de la nomenclature du tarif général. (*Loi du* 24 *juillet* 1867, *articles* 8 *et* 10.)

Le conseil délibère en outre sur le mode de perception de l'octroi ; il fixe son choix entre : 1° la régie simple (perception directe par les agents de la commune, sous la surveillance du maire) ; 2° la régie intéressée (perception par un régisseur, auquel la commune abandonne une partie du produit pour le couvrir des frais, qu'il prend à sa charge) ; 3° la ferme (perception par un adjudicataire à ses risques et périls, moyennant une redevance fixe qu'il assure à la commune) ; 4° enfin l'abonnement avec l'administration des contributions indirectes, aux conditions d'un traité à débattre entre la commune et cette administration. (*Loi du* 28 *avril* 1816, *article* 158.)

Les délibérations du conseil municipal sur tous les objets qui précèdent doivent être approuvées, selon le cas, par le préfet ou par l'autorité supérieure.

Pour les mesures ci-après, la délibération du conseil est exécutoire par elle-même, dans les conditions et délais indiqués au mot *Délibérations* (voyez ce mot), pourvu qu'elle ait été prise d'accord avec le maire : 1° suppression ou diminution des taxes d'octroi ; 2° prorogation des taxes principales d'octroi pour cinq ans au plus ; 3° augmentation des taxes jusqu'à concurrence d'un décime pour cinq ans au plus ; — sous la condition qu'aucune des taxes ainsi maintenues ou modifiées n'excède le maximum déterminé dans le décret du 12 février 1870, ou ne porte sur des objets non compris audit décret. (*Loi du* **24** *juillet* 1867, *article* 9.)

Le conseil municipal donne son avis sur le traitement à allouer au préposé en chef de l'octroi et, dans les communes non sujettes au droit d'entrée, sur les frais de perception. (*Ordonnance du* **9** *décembre* 1814, *article* 10.)

ORDONNANCEMENT. — Voyez *Mandats*.

P

PAIN. — Le maire a le droit de taxer le pain. (*Loi des 19-22 juillet 1791, article 30.*)

Il a été recommandé aux autorités locales de considérer cette taxe comme officieuse. (*Circulaires du ministre des travaux publics, 22 août et 10 novembre 1863.*)

PARCOURS. — Le conseil municipal délibère sur le parcours. (*Loi du 18 juillet 1837, article 19, n° 8.*)

Le droit de parcours est le droit de pâturage qu'exerce une commune sur le territoire d'une autre commune, à charge de réciprocité. (*Avis du Conseil d'État, 22 décembre 1803.*)

Le maire prend un arrêté pour faire exécuter la délibération du conseil municipal à cet égard, lorsqu'elle a été approuvée par le préfet, seul compétent, sauf le cas où il y a contestation sur l'exercice du droit et nécessité d'interpréter les titres, attribution dévolue aux tribunaux. (*Ordonnance royale du 22 juillet 1818.*)

PARTAGE DE BIENS INDIVIS. — Voyez *Biens indivis*.

PASSEPORTS. — Le maire délivre des passeports à l'intérieur aux personnes qui le lui demandent, après s'être assuré de leur identité. Il en tient registre. (*Loi du 10 vendémiaire an IV, titre III, articles 1 et 2.*)

Il **vise** ceux des voyageurs qui veulent changer de direction et tient registre de ce visa. (*Loi du 28 vendémiaire an VI, article 5.*)

Le maire donne son avis sur la demande de passeports pour l'étranger, qui sont délivrés par le sous-préfet. (*Loi du 14 ventôse an IV.*)

PATENTES (Impôt des). — Il est prélevé sur le principal de la contribution des patentes huit centimes, dont le produit est versé à la caisse municipale. (*Loi du 25 avril 1844, article 32.*)

PATRES COMMUNS. — Le maire nomme les pâtres communs, sauf l'approbation du conseil municipal ; il peut prononcer leur révocation. (*Loi du 18 juillet 1837, article 13.*)

PATURAGES ET FRUITS COMMUNAUX. — Le conseil municipal règle le mode de jouissance et la répartition des pâturages et fruits communaux autres que les bois, ainsi que les conditions à imposer aux parties prenantes. (*Loi du 18 juillet 1837, article 17, n° 3.*)

Lorsqu'une délibération a été prise sur cet objet, le maire doit, avant de la soumettre au sous-préfet, avertir les habitants, par la voie des annonces et publications usitées dans la commune, qu'ils peuvent se présenter à la mairie pour prendre connaissance de la délibération. (*Ordonnance royale du 18 décembre 1838.*) Expédition de la délibération, accompagnée d'un certificat constatant la publication, est immédiatement envoyée par le maire au sous-préfet, qui en délivre ou fait délivrer récépissé. La délibération est exécutoire si, dans les trente jours qui suivent la date du récépissé, le préfet ne l'a pas annulée, soit d'office, soit sur la réclamation de toute partie intéressée. (*Loi du* 18 *juillet* 1837, *article* 18.)

PATURE (Vaine). — Le conseil municipal délibère sur la vaine pâture. (*Loi du* 18 *juillet* 1837, *article* 19, *n°* 8.) La vaine pâture est celle qui s'exerce dans les bois, sur les prés fauchés, sur les guérets et terres en friche et généralement sur tous les terrains où il n'y a ni semence ni fruits, conformément aux usages locaux, qui ne contrarieront point les réserves portées par la loi. (*Loi des* 28 *septembre*-6 *octobre* 1791, *titre I, section IV, articles* 1 *et* 3.) Ces réserves consistent dans l'exclusion du droit à la vaine pâture sur les prairies artificielles, sur les terres ensemencées, sur les prairies naturelles, tant que la première herbe n'a pas été récoltée, sur tous les plants ou pépinières d'arbres fruitiers ou autres faits de main d'homme. (*Loi des* 28 *septembre*-6 *octobre* 1791, *titre I, section IV, articles* 9, 10, 22, 24.) Le maire prend des arrêtés pour faire exécuter les délibérations du conseil municipal à cet égard. — Voyez *Parcours*.

PAVAGE. — Le conseil municipal peut convertir en une taxe payable en numéraire, l'obligation qui a été imposée aux propriétaires de concourir à l'établissement et à la restauration du pavé, lorsque les revenus ordinaires de la commune ne suffisent pas à la dépense. (*Loi du* 25 *juin* 1841, *article* 28.)

Cette conversion doit être précédée d'une enquête. (*Circulaire ministérielle du 5 mai 1852.*)

PÉAGES. — Les tarifs et règlements de perception des droits à prélever à l'occasion des bacs ou bateaux et ponts qui sont la propriété de la commune, sont délibérés par le conseil municipal et approuvés par décret. (*Loi du 18 juillet 1837, article 19, n° 2; Loi du 14 floréal an X.*)

PENSIONS DE RETRAITE. — Les pensions de retraite des employés municipaux et des commissaires de police, régulièrement liquidées et approuvées, constituent une dépense obligatoire pour les communes. (*Loi du 18 juillet 1837, article 30.*) Les pensions sont accordées par arrêté du préfet. (*Décret du 25 mars 1852.*)

PERCEPTEUR. — Le percepteur remplit les fonctions de receveur municipal. Néanmoins, dans les communes dont le revenu excède 30,000 fr., ces fonctions sont confiées, si le conseil municipal le demande, à un receveur municipal spécial. (*Loi du 18 juillet 1837, article 65.*) — Voyez *Receveur municipal.*

PERQUISITION. — En cas de flagrant délit, le maire peut opérer des perquisitions dans le domicile d'individus gravement soupçonnés. — Voyez *Flagrant délit.*

PESAGE, MESURAGE ET JAUGEAGE PUBLICS. — Les tarifs et règlements de perception sont délibérés par le conseil municipal et approuvés par le préfet. (*Loi du 18 juillet 1837, article 19, n° 2.*)

Les préposés sont nommés par le préfet. (*Arrêt du 7 brumaire an IX, article* 2.) Le produit des droits figure aux recettes ordinaires de la commune. (*Loi du 18 juillet 1837, article 31, n° 8.*)

PHARMACIES. — Le maire accompagne le jury médical dans sa visite annuelle des pharmacies. (*Loi du 21 germinal an XI.*)

PIGEONS. — Le maire fixe l'époque pendant laquelle les pigeons doivent être enfermés ; durant ce temps, ils sont regardés comme gibier et chacun a le droit de les tuer sur son terrain. (*Loi du 4 août 1789, article* 2.)

PLACE (Droits de). — Voyez *Halles et marchés.*

POIDS ET MESURES. — Le maire veille à l'application des lois sur les poids et mesures. (*Ordonnance du 17 avril 1839, articles 29 et 30.*)

La vérification périodique peut être faite à la mairie si l'autorité juge cette mesure plus commode, mais sans préjudice du droit pour les assujettis d'être vérifiés à domicile. (*Idem, article* 20.)

POIDS PUBLIC. — Voyez *Pesage.*

POLICE. — Le maire est chargé, sous la surveillance de l'administration supérieure, de la *police municipale,* de la *police rurale* et de la *voirie municipale* (voyez ces mots), et de pourvoir à l'exécution des actes de l'autorité supérieure qui y sont relatifs. (*Loi du 18 juillet 1837, article 10, n° 1.*)

Dans les villes de plus de 40,000 âmes, l'organisation du service de la police est réglée par décret, sur l'avis du conseil municipal. (*Loi du 24 juillet 1867, article* 23.)

POLICE JUDICIAIRE. — Le maire exerce les fonctions d'officier de police judiciaire. En cette qualité, il recherche, à défaut ou en remplacement du commissaire de police, les contraventions de police ; il reçoit les rapports, dénonciations et plaintes y relatives, dresse procès-verbal.

Dans le cas de flagrant délit ou de réquisition d'un chef de maison, il se transporte sur les lieux, reçoit les dénonciations, dresse procès-verbal, fait saisir les prévenus.

Il prête son concours à l'exécution des mandats d'amener, de comparution, etc., et les vise. (*Code d'instruction criminelle, articles* 11, 15, 32, 46, 50, 97, 98.)

Il reçoit les affirmations des procès-verbaux des gardes champêtres et des gardes forestiers. (*Code forestier, article* 165.)

Il concourt à la saisie-exécution lorsque la partie est absente, reçoit copie et vise l'original, fait ouvrir les portes en cas de refus. (*Code de procédure, articles* 4, 68, 601, 673, 676). Il peut dans certains cas exercer les fonctions de ministère public près le tribunal de simple police. — Voyez *Police (Simple)*.

POLICE MUNICIPALE. — Le maire réprime les délits contre la tranquillité publique, les bruits et attroupements nocturnes troublant le repos des citoyens ; il assure la police des rues, cimetières, halles, foires, marchés, bals, bains, hôtels, auberges, cafés, fêtes et cérémonies publiques, spectacles, jeux, églises et autres lieux publics. (*Loi des 16-24 août 1790, titre XI, article 3, 3°.*)

Voyez aussi l'article *Voie publique.*

POLICE RURALE. — Le maire veille à la tranquillité, à la salubrité et à la sûreté des campagnes. (*Loi des 28 septembre-6 octobre 1791, titre II, article 9.*)

POLICE (Simple). — Dans les chefs-lieux de canton, les fonctions du ministère public auprès du juge de paix (qui exerce les fonctions de juge de simple police pour toutes les communes du canton), sont remplies par un commissaire de police, ou, à son défaut, soit par le suppléant du juge de paix, soit par le maire ou l'adjoint du chef-lieu du canton, soit par un des maires ou adjoints d'une autre commune du canton, lequel est désigné à cet effet par le procureur général pour une année entière et doit être remplacé, en cas d'empêchement, par le maire, par l'adjoint ou par un conseiller municipal du chef-lieu de canton. (*Code d'instruction criminelle, articles 138 et 144.*)

POMPES FUNÈBRES. — Les tarifs et le mode de transport des corps sont délibérés par le conseil municipal et réglés par le préfet lorsqu'il n'y a pas d'entreprise ou de marché pour les sépultures ; en cas contraire, ils sont réglés par le conseil municipal, de concert avec les fabriques ; la pompe à l'intérieur des églises est réglée par un tarif dressé par la fabrique et communiqué au conseil municipal. (*Décret du 23 prairial an XII.*) Dans les villes ayant au moins 3 millions de revenus, les tarifs relatifs aux pompes funèbres sont approuvés par décret. (*Loi du 24 juillet 1867, article 16.*) — Voyez *Fabriques, Inhumations.*

PONTS A PÉAGE. — Le maire donne son avis sur le tarif des ponts à péage et veille à l'application. (*Loi du 6 frimaire an VII.*)

POPULATION (**Mouvement de la**). — Le maire doit fournir au préfet, au commencement de chaque année, le tableau des naissances, mariages et décès relatés sur les registres de l'état civil dans l'année précédente. Un double de ce tableau est déposé à la mairie. (*Circulaire ministérielle du 29 décembre 1852.*)

POSTE AUX LETTRES. — Le conseil municipal donne son avis sur la création de services postaux journaliers et sur les modifications à introduire dans le service postal existant. (*Loi du 21 avril 1832.*)

POUDRES A FEU. — Le maire cote et parafe le registre que doit tenir tout débitant pour indiquer les ventes de poudre. (*Loi du 24 mai 1834.*)

PRESBYTÈRE. — Les communes sont tenues de fournir au curé ou desservant un presbytère ou un logement, ou, à défaut de presbytère et de logement, une indemnité pécuniaire, lorsque les ressources de la fabrique sont insuffisantes. (*Décret du 30 décembre 1809 et Loi du 18 juillet 1837, article 30, n° 14.*)

Pour les travaux de réparation et reconstruction, voyez *Églises*.

PRESTATIONS. — Tout habitant, chef de famille ou d'établissement à titre de propriétaire, de régisseur, de fermier ou de colon partiaire, porté au rôle des contributions directes, peut être appelé à fournir chaque année, à l'effet d'entretenir les chemins vicinaux, une prestation de trois jours : 1° pour sa personne et pour chaque individu mâle, valide, âgé de 18 ans au moins et de 60 ans ou plus, membre ou serviteur de la famille et résidant dans la commune ; 2° pour chacune des charrettes ou voitures attelées, et, en outre, pour chacune des bêtes de somme, de trait, de selle au service de la famille ou de l'établissement dans la commune. (*Loi du* 21 *mai* 1836, *article* 3.) La prestation peut être acquittée en nature ou en argent, au gré des contribuables. La prestation non rachetée en argent peut être convertie en tâches d'après les bases et évaluations de travaux préalablement fixées par le conseil municipal. (*Idem, article* 4.)

PRÊTRES ET VICAIRES. — Le nombre des prêtres et des vicaires habitués à chaque église est fixé par l'évêque, après que les marguilliers en ont délibéré et que le conseil municipal a donné son avis motivé. (*Décret du* 30 *décembre* 1809, *articles* 38 *et* 96.)

PRISONS. — Le maire a la police des prisons ou lieux de dépôt, en l'absence d'autorités administratives. (*Code d'instruction criminelle, articles* 612 *et* 613.)

L'application des règlements est faite par les directeurs, sous l'autorité du maire et la surveillance d'une commission. Le maire vise le registre des punitions, délivre l'ordre de transfèrement des détenus gravement malades s'il n'y a pas d'infirmerie, arrête le tarif du prix des aliments vendus aux détenus. (*Règlement du* 30 *octobre* 1841, *articles* 9 *et suivants*.) Le maire ne peut déléguer l'exercice de son autorité dans la prison qu'à un de ses adjoints. (*Idem, article* 123.)

PROCÈS. — Le maire ne peut plaider au nom de la commune sans être autorisé par le conseil de préfecture statuant sur une délibération du conseil municipal, qui a dû être préalablement consulté. Le conseil municipal autorise le maire à se pourvoir au Conseil d'État contre le refus d'autorisation qui pourrait être formulé par le conseil de préfecture. (*Loi du* 18 *juillet* 1837, *articles* 52 *et* 53.)

PROCESSION. — Aucune cérémonie religieuse ne doit avoir lieu hors des édifices consacrés à l'exercice du culte catholique dans les villes où il y a des temples destinés à différents cultes. (*Loi du* 18 *germinal an X, article* 45.)

PROCÈS-VERBAUX. — Les procès-verbaux des délibérations du conseil municipal sont inscrits sur un registre coté et paraphé par le sous-préfet ; ils sont signés par tous les membres présents à la séance, ou mention est faite de la cause qui les a empêchés de signer. (*Loi du* 18 *juillet* 1837, *article* 28 ; *Loi du* 5 *mai* 1855, *article* 22.)

Tout habitant ou contribuable de la commune a droit de demander communication sans déplacement et de prendre copie des délibérations du conseil municipal de sa commune. (*Idem.*)

Des procès-verbaux sont dressés par le maire dans toute circonstance où il importe de constater des faits ou des paroles et de relater par écrit ce qui s'est passé en sa présence, pour donner lieu à des actes ultérieurs. Ils peuvent être rédigés sur papier libre. (*Loi du 13 brumaire an VII, article 16.*) — **Voyez** *Garde champêtre.*

R

REBOISEMENT ET GAZONNEMENT. — Des subventions peuvent être accordées aux communes, pour le reboisement des terrains situés sur le sommet ou sur la pente des montagnes. (*Loi du 28 juillet 1860, article 1er.*)

Ces subventions consistent soit en délivrance de graines ou de plantes, soit en primes d'argent ; elles sont accordées en raison de l'utilité des travaux au point de vue de l'intérêt général, et en ayant égard aux ressources des communes, à leurs sacrifices et à leurs besoins, ainsi qu'aux sommes allouées par les conseils généraux pour le reboisement. (*Idem, article 2.*)

Les communes peuvent provoquer la substitution du gazonnement au reboisement, si celui-ci a été déclaré antérieurement obligatoire par l'administration des forêts. (*Loi du 8 juin 1864, article 2.*)

RECENSEMENT. — Voyez *Dénombrement*.

RECETTES DES COMMUNES. — *Recettes ordinaires.* — Les recettes ordinaires des communes se composent (*Loi du 18 juillet 1837, article 31*) :

1° Des revenus de tous les biens dont les habitants n'ont pas la jouissance en nature ;

2° Des cotisations imposées annuellement sur les ayants droit aux fruits qui se perçoivent en nature ;

3° Du produit des centimes ordinaires affectés aux communes par les lois de finances ;

4° Du produit de la portion accordée aux communes dans l'impôt des patentes ;

4° *bis* Du produit du 20° de la contribution établie sur les voitures et les chevaux par la loi du 23 juillet 1872 ;

5° Du produit des octrois municipaux ;

6° Du produit des droits de place perçus dans les halles, foires, marchés, abattoirs, d'après les tarifs dûment autorisés ;

7° Du produit des permis de stationnement et des locations sur la voie publique, sur les ports et rivières et autres lieux publics ;

8° Du produit des péages communaux, des droits de pesage, mesurage et jaugeage, des droits de voirie et autres droits légalement établis ;

9° Du prix des concessions dans les cimetières ;

10° Du produit des concessions d'eau, de l'enlèvement des boues et immondices de la voie publique et autres concessions autorisées pour les services communaux ;

11° Du produit des expéditions des actes administratifs et des actes de l'état civil ;

11° *bis* Du produit de la délivrance des livrets d'ouvriers (*Loi du 22 juin* 1854, *article* 2);

12° De la portion que les lois accordent aux communes dans le produit des amendes prononcées par les tribunaux de simple police et par ceux de police correctionnelle;

13° Des ressources ci-après, énumérées dans le décret du 31 mai 1862, article 484, nᵒˢ 14, 15, 16, 17, 18, 19 :

a) Intérêts de fonds placés au Trésor public ;

b) Droits perçus dans les écoles préparatoires supérieures ;

c) Produit des colléges communaux ;

d) Ressources affectées à l'enseignement primaire ;

e) Indemnités pour enrôlements volontaires ;

f) Taxe sur les chiens ;

Et généralement du produit de toutes les taxes de ville et de police dont la perception est autorisée par la loi.

Recettes extraordinaires. — Les recettes extraordinaires des communes se composent (*Loi du 31 juillet* 1837, *article* 32):

1° Des contributions extraordinaires dûment autorisées ;

2° Du prix des biens aliénés ;

2° *bis* Du prix d'aliénation des rentes sur l'État (*Décret du 31 mai* 1862, *article* 485, nᵒ 3);

3° Des dons et legs ;

4° Du remboursement des capitaux exigibles et des rentes rachetées ;

5° Du produit des coupes extraordinaires de bois;

6° Du produit des emprunts ;

6° *bis* Des secours accordés par l'État ou le département pour réparations et autres dépenses extraordinaires (*Instruction générale du* 20 *juin* 1859, *article* 840);

Et de toutes autres recettes accidentelles.

RECEVEUR MUNICIPAL. — Si le conseil municipal le demande, dans les communes ayant plus de 30,000 fr. de revenus, les fonctions de receveur municipal sont confiées à un receveur spécial nommé sur une liste de trois candidats présentés par le conseil. (*Loi du* 18 *juillet* 1837, *article* 65.) Le traitement du receveur, fixé par le préfet, peut être élevé d'un dixième par délibération du conseil municipal. (*Décret du* 27 *juin* 1876, *article* 5.)

Le receveur municipal est appelé à toutes les adjudications. (*Loi du* 18 *juillet* 1837, *article* 16.)

Le receveur municipal est de droit receveur des hospices et autres établissements de bienfaisance de la commune, lorsque les revenus ordinaires de ces établissements ne dépassent pas 30,000 fr. (*Loi du* 7 *août* 1851, *article* 7.)

RÉCOLTES. — Le maire pourvoit à faire serrer la récolte d'un propriétaire absent, infirme ou accidentellement hors d'état de le faire lui-même et qui réclame ce secours ; cet acte doit être exécuté aux moindres frais et les ouvriers sont payés sur la récolte. (*Loi des* 28 *septembre-*6 *octobre* 1791, *titre I, section V, article* 1er.)

Le maire a qualité pour constater des actes de dévastation de récoltes. (*Code pénal, article* 444.)

RECONNAISSANCE D'ENFANT. — Voyez *État civil.*

RECRUTEMENT MILITAIRE. — Le maire invite, au mois de décembre de chaque année, les jeunes gens qui, d'après leur âge, doivent concourir au tirage au sort l'année suivante, à se faire inscrire sur les tableaux de recensement ; même invitation est faite aux pères et tuteurs de ces jeunes gens.

Il dresse et publie lesdits tableaux.

Il y porte d'office, à défaut de déclaration, les jeunes gens qui, d'après les actes de l'état civil et tous autres documents ou renseignements, doivent y être compris.

Il donne avis du jour et du lieu où il sera procédé à l'examen des tableaux de recensement et au tirage au sort. (*Loi du* 27 *juillet* 1872, *article* 8.)

Il mentionne dans les tableaux les motifs d'exemption ou de dispense que les jeunes gens se proposent de faire valoir devant le conseil de révision.

Il reçoit les déclarations :

1° Des jeunes gens nés en France de parents étrangers et qui réclament la qualité de Français dans l'année de leur majorité (*Code civil, article* 9) ;

2° De ceux qui, étant nés en France de parents étrangers qui y sont nés eux-mêmes, répudient, dans le même délai, la qualité de Français (*Lois des 12 février* 1851 *et* 16 *décembre* 1874, *article* 1er) ;

3° Enfin, des jeunes gens nés en France d'étrangers qui eux-mêmes y sont nés, et qui, désirant souscrire soit un engagement volontaire, soit un engagement conditionnel d'un an, ou désirant entrer dans une des écoles du Gouvernement, renoncent par avance à se prévaloir, à leur majorité, de la qualité d'étrangers. (*Loi du* 16 *décembre* 1874, *article* 2.)

Il prend note de ces déclarations pour inscrire ou ne pas inscrire, suivant le cas, les jeunes gens dont il s'agit sur les tableaux de recensement.

Il assiste aux opérations du tirage au sort.

Il donne son avis sur les observations faites par les intéressés. (*Loi du* 27 *juillet* 1872, *article* 13.)

Il tire les numéros des jeunes gens qui ne sont ni présents ni représentés. (*Loi du* 27 *juillet* 1872, *article* 15.)

Il reçoit la déclaration que doivent faire : 1° les jeunes gens qui, liés au service dans les armées de terre et de mer, en vertu d'un brevet ou d'une commission, cessent leur service ; 2° les jeunes marins portés sur les registres de l'inscription maritime qui se font rayer de l'inscription ; 3° les jeunes gens qui, désignés à l'article 20 (voués à l'enseignement ou au culte), cessent d'être dans une des conditions indiquées audit article avant d'avoir accompli les conditions qu'il leur impose. (*Loi du* 27 *juillet* 1872, *article* 21.)

Le conseil municipal désigne les jeunes gens qui peuvent être dispensés à titre provisoire comme soutiens indispensables de famille, s'ils en remplissent effectivement les fonctions. (*Loi du* 27 *juillet* 1872, *article* 22.)

Le maire présente au conseil de révision la liste de ces jeunes gens et lui fait connaître la situation des jeunes gens qui ont obtenu des dispenses à titre de soutien de famille pendant les années précédentes. (*Idem.*)

Le conseil municipal donne son avis : 1º sur les demandes, adressées au maire et instruites par lui, tendant à obtenir des sursis d'appel à l'activité en temps de paix (*Loi du* 27 *juillet* 1872, *articles* 23 *et* 24) ; 2º sur les demandes que peuvent former les engagés conditionnels d'un an, à l'effet d'être exemptés de tout ou partie de la prestation en espèces qui leur incombe en vertu de l'article 55 de la loi du 27 juillet 1872. (*Décret du* 1ᵉʳ *décembre* 1872.)

Le maire notifie aux jeunes gens les ordres de comparaître devant le conseil de révision qui lui sont adressés par les préfets. Il doit être présent à ce conseil, afin de fournir au besoin les explications qui pourraient lui être demandées sur la situation de ses administrés. (*Loi du* 27 *juillet* 1872, *article* 27.)

Il approuve et revêt de sa signature les certificats de trois pères de famille ayant des fils sous les drapeaux, destinés : 1º à être produits au conseil de révision à l'appui des demandes de dispense (*Loi du*

28 *juillet* 1872, *article* 28); 2° à établir des droits à l'envoi en disponibilité en faveur des hommes qui, postérieurement, soit à la décision du conseil de révision, soit au 1er juillet, soit à la date de leur engagement, se sont trouvés dans l'un des cas prévus par les dispositions finales de l'article 17 de la loi du 28 juillet 1872.

Il reçoit la déclaration de changement de domicile que doit faire tout homme inscrit sur le registre matricule, et transmet dans les huit jours copie de ladite déclaration au bureau du registre matricule de la circonscription. (*Loi du* 27 *juillet* 1872, *article* 34.)

Il reçoit et donne avis, dans le même délai, au bureau du registre matricule, de la déclaration faite par tout inscrit, qu'il entend se fixer en pays étranger. (*Loi du* 27 *juillet* 1872, *article* 35.)

Le maire délivre le certificat de bonne vie et mœurs que doit présenter l'individu qui veut contracter un engagement volontaire. (*Loi du* 27 *juillet* 1872, *article* 46.)

Le maire du chef-lieu de canton reçoit les engagements volontaires. (*Loi du* 27 *juillet* 1872, *article* 50.)

Le maire du chef-lieu du département reçoit l'engagement conditionnel d'un an. (*Décret du* 1er *décembre* 1872, *article* 9.)

Le maire délivre aux jeunes gens qui ont obtenu le certificat d'admission à l'engagement conditionnel et qui sollicitent le dégrèvement de la prestation, le certificat constatant leur situation de famille. (*Loi du 27 juillet 1872, article 55.*)

RÉFUGIÉS. — Le maire délivre aux réfugiés qui se présentent sur le territoire français une passe provisoire pour se rendre au chef-lieu du département. Cette passe contient le signalement du réfugié, ses nom, prénoms et qualité, l'itinéraire qu'il doit suivre, etc. (*Arrêté du Ministre de l'intérieur du 30 mai 1848.*)

RÉGIE. — Les maires peuvent faire exécuter, par voie de régie économique, sans autorisation préalable, sur les crédits ouverts au budget, les travaux de réparation ordinaire et de simple entretien dont la dépense n'excède pas 300 fr. (*Décret du 10 brumaire an XIV et 17 juillet 1808.*) L'autorisation préalable dont il est question ici est celle du préfet ; le maire ne peut se dispenser en aucun cas de celle du conseil municipal.

RÉPARATIONS. — Voyez *Travaux communaux.*

RÉPARTITEURS. — Les répartiteurs sont chargés, avec le concours des contrôleurs des contributions directes, de la répartition, entre les contribuables de la commune, des contributions foncière, personnelle et mobilière et des portes et fenêtres. Ils sont au nombre de sept dans chaque commune, savoir : le maire, l'adjoint et cinq contribuables fonciers, dont deux non domiciliés dans la commune. Le sous-préfet nomme ces cinq membres, ainsi que cinq répartiteurs suppléants, sur la proposition du maire. (*Loi du 3 frimaire an VII.*)

RÉQUISITIONS MILITAIRES. — Le maire, assisté, sauf le cas de force majeure ou d'extrême urgence, de deux membres du conseil municipal appelés dans l'ordre du tableau et de deux des habitants les plus imposés de la commune, répartit les prestations exigées entre les habitants et les contribuables, alors même que ceux-ci n'habitent pas la commune ; il délivre un reçu des prestations fournies.

Au lieu de procéder par voie de répartition, le maire, assisté comme il est dit ci-dessus, peut, au compte de la commune, pourvoir directement à la fourniture et à la livraison des prestations requises ; les dépenses qu'entraîne cette opération sont imputées sur les ressources générales du budget municipal, sans qu'il soit besoin d'autorisation spéciale. (*Loi du 3 juillet* 1877, *article* 20.)

Il adresse ensuite à la commission chargée d'évaluer les indemnités dues aux personnes qui ont fourni les prestations un état contenant les indications nécessaires pour le règlement de ces indemnités. (*Loi du 3 juillet* 1877, *article* 25.)

RESPONSABILITÉ DES COMMUNES. — Chaque commune est responsable des délits commis à force ouverte ou par violence sur son territoire, par des attroupements ou rassemblements armés ou non armés, soit envers les personnes, soit contre les propriétés nationales ou privées, ainsi que des dommages-intérêts auxquels ils donnent lieu. (*Loi du* 10 *vendémiaire an IV, titre IV, article* 1er.)

RÉTRIBUTION SCOLAIRE. — Le conseil municipal délibère dans sa session du mois de février, pour l'année suivante, sur le taux de la rétribution scolaire à faire payer par les élèves, dans les écoles où la gratuité complète n'existe pas, pour former le traitement de l'instituteur. (*Décret du* 7 *octobre* 1850, *article* 19.) — Voyez *Instituteurs*.

ROULAGE. — Le maire peut constater les contraventions en matière de police du roulage ; il dresse procès-verbal des infractions à la loi du 10 mai 1851 et au règlement d'administration publique du 10 août 1852.

ROUTES. — Le maire surveille l'état des routes de sa commune et le service des cantonniers. (*Décret du* 16 *décembre* 1811.)

Il peut constater les contraventions en matière de grande voirie. (*Loi du* 29 *floréal an* X, *article* 2 ; *Décret du* 16 *décembre* 1811, *article* 112.)

S

SAGE-FEMME. — Le maire veille à ce qu'aucune personne non pourvue de diplôme ne s'ingère dans l'art des accouchements. Il autorise l'exercice de cette profession par les sages-femmes après avoir reçu avis du préfet et visé leurs certificats. (*Règlement du 8 novembre 1810, titre XI, article 4.*)

SAISIE. — En l'absence du débiteur, le maire assiste à l'ouverture des portes, à défaut du commissaire de police ou du juge de paix ; il vise l'original du procès-verbal dressé par l'huissier, qui lui en laisse copie. (*Code de procédure, article 602.*) Il est également laissé copie au maire du procès-verbal de saisie-brandon. (*Idem, article 628.*)

SALLES D'ASILE. — Le maire surveille la tenue des salles d'asile ; il préside le comité local de patronage de ces établissements. (*Décret du 21 mars 1855, article 14.*)

Les salles d'asile publiques sont ouvertes gratuitement à tous les enfants dont les familles sont reconnues hors d'état de payer la rétribution mensuelle ; le maire, de concert avec les ministres des cultes, en dresse la liste, qui doit être arrêtée par le conseil municipal. (*Idem, articles 11 et 12.*)

Les directrices des salles d'asile publiques reçoivent sur les fonds communaux un traitement fixe, qui ne peut être moindre de deux cent cinquante francs, et les sous-directrices un traitement dont le minimum est fixé à cent cinquante francs.

Les unes et les autres jouissent, en outre, du logement gratuit. (*Idem, article* 32.)

Une rétribution mensuelle peut être exigée de toutes les familles dont les enfants sont admis dans les salles d'asile publiques et qui sont en état de payer le service qu'elles réclament. Le taux de cette rétribution est fixé par le préfet en conseil départemental, sur l'avis des conseils municipaux et des délégués cantonaux. (*Idem, article* 33.)

SALUBRITÉ. — Le maire assure la salubrité des eaux courantes ou stagnantes, des abreuvoirs et des fontaines.

Il fait enfouir les bestiaux morts, abattre les animaux furieux ou atteints de la rage.

En cas d'épidémie ou d'épizootie, il prend les mesures nécessaires ou prescrites. (*Loi des* 16-24 *août* 1790.)

Il préside la commission qui peut être nommée par le conseil municipal pour pourvoir à l'assainissement des logements insalubres. Il fait exécuter les travaux qui ont été jugés nécessaires par le conseil municipal. (*Loi du* 13 *avril* 1850, *articles* 2 *et* 7.) —Voyez *Logements insalubres.*

SAPEURS-POMPIERS. — Le conseil municipal délibère sur l'organisation du corps des sapeurs-pompiers dans la commune ; il justifie de la possession du matériel de secours ou de ressources nécessaires pour l'obtenir ; il s'engage à subvenir, pendant cinq ans, aux dépenses à résulter de cette organisation et énonce les voies et moyens à l'aide desquels il compte y pourvoir. (*Décret du* 29 *décembre* 1875.)

Lors de la création ou de la réorganisation d'un corps de sapeurs-pompiers, l'admission est prononcée par une commission composée du maire ou de son adjoint, président, de deux membres du conseil municipal nommés par le conseil au scrutin secret et à la majorité, absolue au premier tour, relative au second, et de trois délégués choisis par le préfet. (*Décret du* 29 *décembre* 1875, *articles* 10 *et* 15.)

Des caisses de secours et de retraites pour les sapeurs-pompiers peuvent être constituées et administrées dans les communes. Les ressources de ces caisses se composent des allocations votées par les conseils municipaux. (*Décret du* 29 *décembre* 1875, *articles* 30 *et* 31.)

Les communes sont tenues, dans certaines circonstances, d'assurer des secours et pensions aux sapeurs-pompiers ayant péri dans le service, à leurs veuves et à leurs orphelins. (*Loi du* 5 *avril* 1851.)

SECOURS MUTUELS (Société de). — Les communes sont tenues de supporter certaines des dépenses des sociétés de secours mutuels autorisées. — Voyez *Dépenses obligatoires.*

SECOURS PUBLICS. — Le conseil municipal donne son avis sur les circonscriptions relatives à la distribution des secours publics. (*Loi du* 18 *juillet* 1837, *article* 21, *n*° 2.)

SECRÉTAIRE DU CONSEIL MUNICIPAL. — Les fonctions de secrétaire sont remplies par un des membres du conseil nommé au scrutin secret et à la majorité des membres présents. Le secrétaire est nommé pour chaque session. (*Loi du* 5 *mai* 1855, *article* 19.)

SECTION DE COMMUNE. — La section de commune érigée en commune séparée ou réunie à une autre commune, emporte la propriété des biens qui lui appartenaient exclusivement.

Les édifices et autres immeubles servant à usage public, et situés sur son territoire, deviennent propriété de la nouvelle commune ou de la commune à laquelle est faite la réunion. (*Loi du* 18 *juillet* 1837, *article* 6.) — Voyez *Commissions syndicales.*

SESSIONS DES CONSEILS MUNICIPAUX. — Les conseils municipaux s'assemblent, en session ordinaire, quatre fois l'année : au commencement de février, mai, août et novembre. Chaque session peut durer dix jours.

Le préfet ou le sous-préfet prescrit la convocation extraordinaire du conseil municipal, ou l'autorise, sur la demande du maire, toutes les fois que les intérêts de la commune l'exigent.

La convocation peut également avoir lieu, pour un objet spécial et déterminé, sur la demande du tiers des membres du conseil municipal, adressée directement au préfet, qui ne peut la refuser que par un arrêté motivé. Cet arrêté est notifié aux réclamants, qui peuvent se pourvoir devant le ministre de l'intérieur. (*Loi du 5 mai* 1855, *article* 15.)

La convocation se fait par écrit et à domicile.

Quand le conseil municipal se réunit en session ordinaire, la convocation se fait trois jours au moins avant celui de la réunion.

Quand le conseil municipal est convoqué extraordinairement, la convocation se fait cinq jours au moins avant celui de la réunion. Elle contient l'indication des objets spéciaux et déterminés pour lesquels le conseil doit s'assembler.

Dans les sessions ordinaires, le conseil peut s'occuper de toutes les matières qui rentrent dans ses attributions.

En cas de réunion extraordinaire, le conseil ne peut s'occuper que des objets pour lesquels il a été spécialement convoqué.

En cas d'urgence, le sous-préfet peut abréger les délais de convocation. (*Loi du 5 mai* 1855, *article* 16.)

SPECTACLES PUBLICS. — Le maire permet et autorise les spectacles publics. Il les fait fermer en cas de troubles ou lorsque les précautions nécessaires contre l'incendie ou pour la sauvegarde des spectateurs ne sont pas prises. (*Loi des* 16-24 *août* 1790, *titre XI, article* 4.)

STATIONNEMENT ET LOCATIONS SUR LA VOIE PUBLIQUE.

— Le conseil municipal règle par ses délibérations les droits à percevoir pour permis de stationnement et de locations sur les rues, places et autres lieux dépendant du domaine public communal.

Ses délibérations à ce sujet sont exécutoires dans les conditions et délais indiqués au mot *Délibérations* (voyez ce mot), et sans qu'il soit nécessaire de les soumettre au préfet, à moins de désaccord entre le maire et le conseil municipal, auquel cas l'approbation du préfet est nécessaire. (*Loi du* 24 *juillet* 1867.)

SUBVENTION INDUSTRIELLE POUR LES CHEMINS VICINAUX. — Le maire réclame l'application de la loi au sujet des dégradations habituelles ou temporaires résultant, pour les chemins vicinaux de la commune, de l'exploitation de mines, carrières, forêts ou autre entreprise industrielle. Il évalue le chiffre de la subvention proportionnelle à la dégradation. (*Loi du* 21 *mai* 1836, *article* 14.)

SUBVENTIONS. — Indépendamment des subventions qui peuvent être demandées par la commune au département et même à l'État pour certaines de ses dépenses générales, il y a des subventions spéciales inscrites dans la loi pour certaines dépenses déterminées, savoir : le traitement des instituteurs primaires et les autres dépenses de l'enseignement primaire (*Lois des* 15 *mars* 1850, 10 *avril* 1867, 19 *juillet* 1875, 26 *décembre* 1876, 1er *juin* 1878) ; les chemins vicinaux (*Lois des* 21 *mai* 1836, 11 *juillet* 1868) ; le reboisement des montagnes et le gazonnement (*Lois des 28 juillet 1860 et 8 juin 1864*), etc.

SUCCURSALE. — Le conseil municipal délibère sur l'établissement d'une paroisse nouvelle à détacher de la paroisse existante et qui porte le titre de succursale ; elle est desservie par un titulaire révocable nommé *desservant*. (*Loi du 18 germinal an X, article 62, et Instruction ministérielle du 10 messidor an XI.*)

SUICIDÉS. — A défaut du commissaire de police, le maire, assisté d'un docteur en médecine, dresse procès-verbal en cas de suicide et relate toutes les circonstances qui peuvent en éclairer les causes ; il recueille les renseignements d'état civil du suicidé et n'autorise l'inhumation qu'après ces constatations. (*Code civil, article* 81.) — Voyez *Mort accidentelle*.

SURETÉ GÉNÉRALE. — Le maire est chargé, sous l'autorité de l'administration supérieure, de l'exécution des mesures de sûreté générale. (*Loi du 18 juillet 1837, articles 9, 3°.*)

SYNDICATS COMMUNAUX. — Voyez *Commissions syndicales*.

T

TABAC. — Le maire est présent aux constatations faites par les agents de la régie, lorsqu'un planteur de tabac allègue que des accidents ou intempéries ont diminué le produit de la récolte. (*Loi du 28 avril 1816, article* 197.)

TABLEAU DES MEMBRES DU CONSEIL MUNICIPAL. — Ce tableau est dressé d'après le nombre des suffrages obtenus et en suivant l'ordre des scrutins. (*Loi du 5 mai 1855, article* 4.)

C'est suivant l'ordre numérique du tableau que siégent les conseillers municipaux. (*Idem, article* 18.) C'est également suivant l'ordre du tableau qu'est désigné le conseiller municipal qui doit remplacer le maire en cas d'absence ou d'empêchement de celui-ci et de ses adjoints. (*Idem, article* 4.) Cet ordre est établi de la manière suivante : 1° si tous les conseillers élus au scrutin de liste ont été nommés au premier tour, leur rang est déterminé par le nombre des suffrages qu'ils ont obtenus ; 2° si un second tour de scrutin a été nécessaire, les conseillers élus au premier tour sont inscrits d'abord ; ceux qui n'ont été nommés qu'au deuxième tour viennent ensuite, alors même qu'ils auraient réuni plus de voix que les conseillers élus au premier tour ; 3° si la commune est sectionnée, le nombre des suffrages obtenus et l'ordre du scrutin déterminent le rang, sans tenir compte du nombre des électeurs inscrits ou votants dans chaque section. (*Annexe à la circulaire du Ministre de l'intérieur du* 11 *janvier* 1878.)

TARIFS ET RÈGLEMENTS DE PERCEPTION. — Le conseil municipal délibère, sauf approbation du préfet, sur les tarifs et règlements de perception de tous les revenus communaux (*Loi du* 18 *juillet* 1837, *article* 19, *n*° 2) autres que ceux produits par les halles, foires, marchés, droits de stationnement sur la voie publique et concessions dans le cimetière, lesquels sont réglés définitivement par le conseil. (*Loi du* 24 *juillet* 1867, *article* 1ᵉʳ, *n*ᵒˢ 4, 5, 6.)

TESTAMENT. — Le maire, assisté de deux témoins, peut recevoir un testament dans un lieu avec lequel toute communication est interceptée à cause de la peste ou autre maladie contagieuse. (*Code civil, article* 935.)

En cas de dispositions testamentaires en faveur des établissements religieux ou charitables de la commune, le maire fait afficher extrait de ces dispositions pour avis aux héritiers non connus des décédés. (*Ordonnance royale du* 14 *janvier* 1831, *article* 3.)

TRANSACTIONS. — Les communes ne peuvent, sans l'autorisation expresse du préfet, transiger sur une contestation née ou à naître. (*Code civil, article* 2045.) Cette autorisation n'est accordée que sur l'avis du conseil de préfecture, donné après délibération du

*

conseil municipal. La délibération du conseil municipal doit être accompagnée d'une consultation de trois jurisconsultes nommés par le préfet. (*Arrêté du* 21 *frimaire an XII*.)

TRAVAIL DES ENFANTS. — Voyez *Enfants et filles mineures.*

TRAVAUX A L'AIGUILLE. — Le conseil municipal donne son avis sur le traitement à allouer à la femme nommée par le préfet, sur la proposition du maire, pour diriger les travaux à l'aiguille des filles dans toute école mixte tenue par un instituteur. (*Loi du* 10 *avril* 1867, *article* 1er.)

TRAVAUX COMMUNAUX. — Le maire dirige les travaux communaux et passe les marchés et adjudications. (*Loi du* 18 *juillet* 1837, *article* 10, *n*os 5 *et* 6.)

Si les travaux nécessitent des expropriations, il y a lieu à enquête publique. — Voyez *Enquêtes.*

Les travaux communaux doivent être donnés avec concurrence et publicité, sauf les exceptions ci-après. Il peut être traité de gré à gré : 1° pour les objets dont la fabrication est exclusivement attribuée à des porteurs de brevets d'invention ou d'importation ; — 2° pour les objets qui n'auraient qu'un possesseur unique ; — 3° pour les ouvrages et les objets d'art et de précision dont l'exécution ne peut être confiée qu'à des artistes éprouvés ; — 4° pour les exploitations, fabrications et fournitures qui ne seraient faites qu'à titre d'essai ; — 5° pour les matières et denrées qui, à raison de leur nature particulière et de la spécialité de l'emploi auquel elles sont destinées, doivent être achetées et choisies aux lieux de production ou livrées sans intermédiaires par les producteurs eux-mêmes ; — 6° pour les fournitures ou travaux qui n'auraient été l'objet d'aucune offre aux adjudications et à l'égard desquels il n'aurait été proposé que des prix inacceptables ; — 7° pour les fournitures et travaux qui, dans le cas d'urgence absolue et dûment constatée, amenée par des circonstances imprévues, ne pourraient pas subir les délais des adjudications. (*Ordonnance royale du* 14 *novembre* 1837.)

Le conseil municipal délibère sur les projets de construction et de démolition et en général sur tous les travaux à entreprendre. Sa délibération est soumise à l'approbation du préfet. (*Loi du* 18 *juillet* 1837, *article* 19, n° 6.)

Le conseil municipal règle, par ses délibérations, les projets, plans et devis de grosses réparations et d'entretien, lorsque la dépense totale afférente à ces projets et aux autres projets de la même nature ne dépasse pas le cinquième des revenus ordinaires de la commune, ni, en aucun cas, une somme de 50,000 fr. (*Loi du* 24 *juillet* 1867, *article* 1ᵉʳ, n° 3.)

Les délibérations prises à ce sujet par le conseil dans les conditions et délais indiqués au mot *Délibérations* (voyez ce mot), sont exécutoires par elles-mêmes, pourvu qu'elles soient prises d'accord avec le maire. (*Ibidem.*)

S'il y a désaccord ou s'il s'agit d'une dépense excédant la limite ci-dessus, elles sont soumises à l'approbation du préfet. (*Loi du* 24 *juillet* 1867, *article* 1er, n° 3.)

TROTTOIRS. — Dans les rues et places dont les plans d'alignement ont été arrêtés par ordonnances ou décrets et où, sur la demande des conseils municipaux, l'établissement de trottoirs est reconnu d'utilité publique, la dépense de la construction doit être répartie entre la commune et les propriétaires riverains dans les proportions et après l'accomplissement des formalités déterminées par la loi. (*Loi du* 7 *juin* 1845, *article* 1er.)

La délibération du conseil municipal doit désigner les rues et places où les trottoirs seront établis, arrêter le devis des travaux selon les matériaux entre lesquels les propriétaires sont autorisés à faire un choix et répartir la dépense entre la commune et les propriétaires. La portion à la charge de la commune ne pourra être inférieure à la moitié de la dépense totale. (*Idem, article* 2.)

Il est entendu que dans les communes où il existe des usages mettant la construction des trottoirs pour plus de moitié à la charge du propriétaire, il n'est pas dérogé à ces usages. (*Loi du* 7 *juin* 1845, *article* 4.)

V

VAGABONDS. — Le maire doit faire arrêter les vagabonds ou gens sans aveu qui se trouveraient dans sa commune, les interroger et les mettre à la disposition du procureur de la République. (*Loi des* 16-24 *août* 1790.) Lorsque le conseil municipal réclame un vagabond né dans la commune, le Gouvernement peut, même après jugement, le faire reconduire dans cette commune. (*Code pénal, article* 273.)

VAINE PATURE. — Voyez *Parcours*.

VICAIRES. — Le nombre des vicaires habitués à chaque paroisse est fixé par l'évêque, après que les marguilliers en ont délibéré et que le conseil municipal a donné son avis. (*Décret du* 30 *décembre* 1809, *article* 38.)

Si le conseil municipal est d'avis que l'établissement d'un vicaire n'est pas nécessaire, sa délibération doit en porter les motifs ; elle est ensuite adressée à l'évêque. Dans le cas où l'évêque prononcerait contre l'avis du conseil municipal, celui-ci pourrait s'adresser au préfet. (*Idem, articles* 96 *et* 97.)

Le paiement du traitement des vicaires incombe à la commune en cas d'insuffisance des revenus de la fabrique. Ce traitement est de 500 fr. au plus et de 300 fr. au moins. (*Idem, article* 40.)

VIDANGE. — Le maire prescrit les précautions nécessaires pour que le curage des fosses d'aisance se fasse sans danger ni inconvénient pour les habitants. (*Lois des* 16-24 *août* 1790, *titre XI, article* 3.)

VISA. — Le maire doit viser sans frais l'original des exploits dont copie lui est laissée, lorsque l'huissier chargé de les signifier ne trouve pas la partie à son domicile. (*Code de procédure civile, articles* 4 *et* 68.) — Voyez *Absents*.

Le maire doit viser, coter et parapher, dans les localités dépourvues de tribunal de commerce, les livres dont la tenue est prescrite aux négociants par les articles 8 et 9 du Code de commerce (*Code de commerce, article* 11), ainsi que le registre que doit tenir tout capitaine de navire marchand. (*Idem, article* 224).

Le maire vise, cote et paraphe tous les livres à l'usage des percepteurs, receveurs des communes et d'établissements de bienfaisance. (*Instruction générale du* 20 *juin* 1859, *article* 1445.)

Il vise, dans les vingt-quatre heures l'original des procès-verbaux dressés par les agents de l'administration des contributions indirectes pour refus d'exercice. (*Loi du* 28 *avril* 1816, *article* 68.)

VISITES DOMICILIAIRES. — Le maire, en cas de flagrant délit, peut faire des visites domiciliaires chez les individus gravement soupçonnés d'avoir commis le crime ou le délit. (*Code d'instruction criminelle, articles* 36, 49 *et* 50.) En ce cas, et à moins d'impossibilité absolue, le maire doit être accompagné de son adjoint ou de deux citoyens domiciliés dans la commune, qui signent le procès-verbal. (*Idem, article* 42.) Les visites domiciliaires doivent être faites de jour, c'est-à-dire : du 1er octobre au 31 mars, de 6 heures du matin à 6 heures du soir; du 1er avril au 30 septembre, de 4 heures du matin à 9 heures du soir. (*Code de procédure, article* 1037.) Cette observation ne s'applique pas aux lieux publics, où le maire peut entrer à toute heure (*Loi des* 19-22 *juillet* 1791, *titre I, articles* 9 *et* 10), non plus qu'aux cas où le maire pénètre dans une maison par suite d'une réclamation faite de l'intérieur. (*Loi du* 22 *frimaire an VIII, article* 76.)

VŒUX. — Le conseil municipal peut exprimer son vœu sur tous les objets d'intérêt local. (*Loi du* 18 *juillet* 1837, *article* 24.)

VOIE PUBLIQUE. — Le maire veille à l'éclairage, à l'enlèvement des boues, à l'arrosage des quais, places et rues ; il en assure la libre circulation (ce qui comprend le droit de faire démolir ou réparer par le propriétaire les bâtiments qui menacent ruine, l'interdiction de rien exposer aux fenêtres qui puisse nuire dans sa chute et de rien jeter qui puisse blesser ou causer des exhalaisons nuisibles, etc. (*Loi des* 16-24 *août* 1790, *titre XI, article* 3.)

Il donne les alignements des rues qui ne sont pas le prolongement d'une route nationale ou départementale, ou des chemins de grande communication ou d'intérêt commun. (*Loi du* 18 *juillet* 1837, *article* 10, *n*° 1, *et Loi du* 16 *septembre* 1807, *article* 52.)

Le conseil municipal délibère sur les projets d'ouverture des rues et places publiques et les projets d'alignement de voirie municipale. (*Loi du* 18 *juillet* 1837, *article* 19, *n*° 7.)

VOIRIE (Grande). — La grande voirie comprend les routes nationales et départementales, les canaux et rivières navigables, les bacs et bateaux mis à la charge de l'administration publique, les ports maritimes de commerce et généralement tout ce qui concerne les communications par terre et par eau. La grande voirie comprend encore les rues qui, dans les villes, font partie des routes nationales et départementales, ainsi que les quais des villes sur les rivières navigables. (*Loi des* 7-14 *octobre* 1790.)

Les maires exercent la surveillance de la grande voirie et constatent les contraventions. (*Loi du* 29 *floréal an* X.) — Voyez *Avis, Cantonnier.*

VOIRIE (Petite). — La petite voirie comprend : les chemins vicinaux et ruraux, ainsi que la voirie *urbaine* ou *municipale,* c'est-à-dire les rues et places des villes, bourgs et villages qui ne dépendent pas d'une route nationale ou départementale. Le maire est chargé de la *voirie municipale ;* il donne les alignements, permissions de bâtir, etc. (*Loi du* 18 *juillet* 1837, *article* 10.) — Voyez *Maire, Voie publique.*

VOITURES CELLULAIRES. — Le maire peut faire, au passage dans sa commune, l'inspection des voitures affectées au transport des détenus ; en cas d'accident, il prescrit les mesures nécessaires pour la réparation ainsi que pour la garde des détenus. En cas de décès de l'un d'eux, le maire pourvoit à sa sépulture. (*Arrêté ministériel et Instruction du* 15 *juillet* 1839.)

VOITURES. — Voyez *Chevaux et voitures*.

VOITURES PUBLIQUES. — Le maire cote et parafe le registre des voyageurs et des ballots transportés par les voitures publiques (*Décret du* 10 *août* 1852, *article* 31), ainsi que celui qui doit être déposé dans les bureaux de départ et d'arrivée, ainsi qu'aux relais pour recevoir les plaintes des voyageurs. (*Idem, article* 39.) Le maire constate, s'il y a lieu, les contraventions aux règlements concernant ces voitures. (*Idem, articles* 15, 18 *et* 22.)

VOYAGEURS INDIGENTS. — Un secours de 30 centimes par myriamètre, payable de 5 en 5 myriamètres par les municipalités, est accordé à tout indigent qui se rend, muni d'un passeport, au lieu de son domicile. (*Décret du* 30 *mai* 1790.)

DICTIONNAIRE
DE
L'ADMINISTRATION FRANÇAISE

Par M. Maurice BLOCK
Membre de l'Institut

AVEC LA COLLABORATION DE MEMBRES DU CONSEIL D'ÉTAT,
DE LA COUR DES COMPTES,
DE CHEFS DE SERVICE DES DIVERS MINISTÈRES, ETC.

DEUXIÈME ÉDITION
entièrement refondue, augmentée et mise à jour (1877)

Un fort volume grand in-8° à deux colonnes, broché. 30 fr.
Relié en demi-chagrin, plats en toile . . . . 34 fr. 50

SUPPLÉMENT ANNUEL *à ce Dictionnaire.*
I. Novembre 1878, même format. Prix. . . . . 2 fr. 50
II. Novembre 1879, même format. Prix. . . . . 2 fr. 50

REVUE GÉNÉRALE
D'ADMINISTRATION

Publiée par le ministère de l'intérieur

Paraissant en 12 livraisons mensuelles de 8 feuilles in-8° (128 pages) à partir du 20 janvier de chaque année. Chaque année forme 3 volumes avec tables et couverture. 1880, 3° année.

Prix de l'abonnement :

Paris. . . . . 30 fr.
Départements et union postale . . . . 33 fr.

LIBRAIRIE ADMINISTRATIVE DE BERGER-LEVRAULT & Cie

Manuel électoral. Guide pratique de l'électeur et du maire, comprenant les élections municipales, départementales, législatives, les élections consulaires et les élections des conseils de prud'hommes, par GUÉRLIN DE GUER, chef de division à la préfecture du Calvados. 1880. Un vol. in-12 de 378 pages, broché . . . . . . 3 fr. 50.   Relié en percaline . . . . 4 fr. 50.

Code des comptes de gestion, ou Répertoire des règles relatives à la présentation, aux justifications, au jugement et à l'apurement des comptes d'exercice des Receveurs remplacés, intérimaires et installés, en ce qui concerne les communes, établissements de bienfaisance et associations syndicales. Un beau vol. in-12, broché . . . . 3 fr. 50 c.
                    Relié en percaline . . . . 4 fr. 50 c.

Les Réquisitions militaires. Commentaire de la loi du 3 juillet 1877 et du règlement d'administration publique du 2 août 1877, par Henri MORGAND, rédacteur au ministère de l'intérieur. 2e édit. augmentée et mise à jour. 1880. Un volume in-12 de 617 pages, broché . . . . 6 fr.
                    Relié en percaline . . . . 7 fr. 50 c.
     (Ouvrage honoré d'une souscription par M. le Ministre de l'intérieur.)

Code du réserviste et du territorial, d'après l'instruction ministérielle du 28 décembre 1879, par Louis HENRIQUE, rédacteur militaire du *XIXe Siècle*. 1880. Un volume in-18, broché . . . . 1 fr. 25 c.

La Loi militaire. Exposé succinct et pratique de la nouvelle organisation militaire de la France, par A. VEXIAU, capitaine au 82e régiment d'infanterie. Un volume in-12, broché . . . . 2 fr.

Manuel des circonscriptions militaires de la France, présentant, sous forme de tableaux synoptiques : 1° la division du territoire en régions et en subdivisions de région ; 2° le siège et les attributions des bureaux de recrutement ; 3° l'indication, pour chaque canton, de la subdivision à laquelle il appartient, avec de nombreux renseignements sur l'organisation des réserves (armée active et armée territoriale), par M. A. SROUMPFF, capitaine d'infanterie. 1 vol. in-8°, broché . . . . 3 fr. 50 c.
     (Ouvrage recommandé par M. le Ministre de l'intérieur et de la guerre.)

Législation sur les logements insalubres. — Traité pratique, par Gustave JOURDAN, chef de bureaux à la préfecture de la Seine. 2e édition. Un beau volume in-12, broché . . . . 5 fr.
                    Relié en percaline . . . . 6 fr.

Les Conseils généraux. Interprétation de la loi organique du 10 août 1871. Recueil des circulaires, décisions ministérielles, arrêts ou avis du Conseil d'État, arrêts de la Cour de cassation, etc., etc., rendus depuis la mise à exécution de cette loi. — Texte de la loi du 10 août 1871, etc. 1 fort vol. in-12 de 1,200 pages, relié en percaline. . . . . 15 fr.
          (Ouvrage recommandé par M. le Ministre de l'intérieur.)

Les Sociétés de secours mutuels, règles relatives à leur organisation et à leur administration, présentées sous forme de tableau, par A. DUTILLEUX, chef de division à la préfecture de Seine-et-Oise, 1880. In-4° broché . 1 fr.

Guide du réclamant en matière de contributions directes. — Des demandes en dégrèvement. — Des causes de dégrèvement. — Délais dans lesquels les réclamations doivent être présentées. Forme de réclamation . . 40 c.

Les Communes et la liberté, étude d'administration comparée, par Maurice BLOCK. 1 vol. in-12, broché . . . . 3 fr. 50 c.

L'Octroi. Pourquoi est-il conservé, par Maurice BLOCK. in-8° . 1 fr. 50 c.

Le Régime des boissons depuis 1871. Législation et jurisprudence, par V. EMION, rédacteur au *Moniteur vinicole.* Un vol. in-12, broché . . . . 5 fr.

Journal des Conseillers municipaux, recueil pratique d'administration et de jurisprudence municipales, paraissant tous les mois, sous la direction de M. SOUVIRON, chef du secrétariat du Conseil municipal de Paris. 1880 ; troisième année. Prix par an, Paris et départements . . . . 8 fr.

Nancy. — Imp. Berger-Levrault et Ce.

www.ingramcontent.com/pod-product-compliance
Ingram Content Group UK Ltd.
Pitfield, Milton Keynes, MK11 3LW, UK
UKHW020835120726
13693UKWH00002B/668